民法典走近你我他

婚姻·家庭·继承编

MINFADIAN ZOUJIN NI WO TA
HUNYIN JIATING JICHENG BIAN

《民法典走近你我他》编委会 / 编

全国百佳图书出版单位
时代出版传媒股份有限公司
安徽人民出版社

图书在版编目(CIP)数据

民法典走近你我他.婚姻·家庭·继承编/《民法典走近你我他》编委会编.-- 合肥:安徽人民出版社,2021.8

ISBN 978-7-212-11168-7

Ⅰ.①民… Ⅱ.①民… Ⅲ.①婚姻法—中国—通俗读物 ②继承法 Ⅳ.① D923.04

中国版本图书馆 CIP 数据核字 (2021) 第 146639 号

民法典走近你我他　婚姻·家庭·继承编

《民法典走近你我他》编委会　编

出 版 人:杨迎会　　选题策划:孙　立

责任编辑:周冰倩　　责任印制:董　亮

装帧设计:陈　爽

出版发行:安徽人民出版社 http://www.ahpeople.com

地　　址:合肥市政务文化新区翡翠路 1118 号出版传媒广场八楼　　邮编:230071

电　　话:0551-63533258　0551-63533259(传真)

印　　刷:安徽联众印刷有限公司

开本:635mm×965mm　1/16　　印张:11.75　　字数:120 千

版次:2021 年 8 月第 1 版　　2024 年 11 月第 7 次印刷

ISBN 978-7-212-11168-7　　定价:30.00 元

前　言

《中华人民共和国民法典》(以下简称《民法典》)于2021年1月1日实施。《民法典》被称为“社会生活的百科全书”,是新中国成立以来第一部以“法典”命名的法律,是新时代我国社会主义法治建设的重大成果。《民法典》共7编1260条,各编依次为总则、物权、合同、人格权、婚姻家庭、继承、侵权责任,以及附则。《民法典》通篇贯穿以人民为中心的发展思想,着眼于满足人民对美好生活的需要,对公民的人身权、财产权、人格权等作出明确翔实的规定,并规定侵权责任,明确权利受到削弱、减损、侵害时的请求权和救济权等,体现了对人民权利的充分保障,被誉为“新时代人民权利的宣言书”。

《民法典》在中国特色社会主义法律体系中具有重要地位,在法律体系中居于基础性地位,也是市场经济的基本法,是一部固根本、稳预期、利长远的基础性法律。对推进全面依法治国、加快建设社会主义法治国家，对发展社会主义市场经济、巩固社会主义基本经济制度，对坚持以人民为中心的发展思想、依法维护人民权益、推动我国人权事业发展，对推进国家治理体系和治理能力现代化，都具有重大意义。

习近平总书记在2020年5月29日十九届中央政治局第二十次集体学习时发表的重要讲话中指出："民法典系统整合了新中国70多年来长期实践形成的民事法律规范，汲取了中华民族5000多年优秀法律文化，借鉴了人类法治文明建设有益成果，是一部体现我国社会主义性质、符合人民利益和愿望、顺应时代发展要求的民法典，是一部体现对生命健康、财产安全、交易便利、生活幸福、人格尊严等各方面权利平等保护的民法典，是一部具有鲜明中国特色、实践特色、时代特色的民法典。""民法典调整规范自然人、法人等民事主体之间的人身关系和财产关系，这是社会生活和经济生活中最普通、最常见的社会关系和经济关系，涉及经济社会生活方方面面，同人民群众生产生活密不可分，同各行各业发展息息相关。民法典实施得好，人民群众权益就会得到法律保障，人与人之间的交往活动就会更加有序，社会就会更加和谐。"

习近平总书记就《民法典》的贯彻实施提出殷切期望：民法典要实施好，就必须让民法典走到群众身边、走进群众心里。日前，中共中央、国务院印发通知，转发《中央宣传部、司法部关于开展法治宣传教育的第八个五年规划（2021—2025年）》，该项“八五”普法规划强调了六个方面的普法重点，其中明确要求“突出宣传民法典，让民法典走到群众身边，走进群众心里”；还决定实施“公民法治素养提升行动”，落实公民终身法治教育制度，把法治教育分别纳入干部、国民和社会教育体系，从日常行为抓起，让群众在实践中养成守法习惯。同时，引导群众形成自觉守法的意识，养成遇事找法的习惯，培养解决问题靠法的意识和能力。

为贯彻习近平总书记关于《民法典》的重要讲话精神，同时为“八五”普法工作尽微薄之力，本书编委会组织编写了《民法典走近你我他》丛书，本着通俗易懂、生动活泼的可读性初衷，从《民法典》的时代性和适用性出发，突出《民法典》的新规范，贴近老百姓的新生活，以问题为导向，以案例为实景，以法条为准绳，以个案析法理，以法理明规则。为了提升《民法典》的宣传普及效果，增加信息容量，安徽省律师协会组织了 20 余位有着丰富法治实务经验的律师以视频说案的方式编写，使得本丛书音形并茂、动静结合，充分满足不同群体的学习方式、习惯和要求，努力达到最佳的法治宣传和普及效果。

目 录
CONTENTS

第一章 结 婚

第二章 家庭关系

第三章 离 婚

第四章 收 养

第五章 继 承

第一章　结　婚

1. 未婚同居，又与第三人登记结婚，哪桩婚姻受法律保护？

• 案例

小丽与小明是邻村青年，彼此相知、相识。高中时两人相恋、辍学。4 年后双方未领结婚证，在双方乡亲的见证与祝福下举办了婚礼。此后两人以夫妻名义同居生活，但小明时常在外地工作，小丽一直住在小明父母给两人在县城买的婚房内。2 年后，小丽与一起工作的小张产生感情，不久两人去民政局领了结婚证。小张在不知情的情况下与小丽商议先住在小丽家，等小张买的房子装修好后再搬。小明出差回家碰巧看到了同居的小张与小丽。小明要求小丽与小张离婚，否则以重婚罪告小丽和小张，并要求其赔偿自己的损失。请问小明有权要求小丽离婚，回归到与自己的婚姻中来吗？

- **结论**

小丽和小张登记结婚，受到法律保护，小明无权要求小丽离婚。

- **分析**

重婚即有配偶者又与他人结婚，或者是明知他人有配偶而与之结婚的行为；或者有配偶的人与他人以夫妻名义同居生活的，或者明知他人有配偶而与之以夫妻名义同居生活的行为。重婚表现为两种情形：第一种情形，领取了结婚证的一方在婚姻关系存续期间又与他人结婚或以夫妻名义同居。第二种情形，没有结婚的人明知他人已结婚而仍然与其结婚或以夫妻名义与其同居。这两种情形中，都至少有一方的婚姻是合法婚姻，即登记结婚。重婚的实质是违反"一夫一妻制"和违反夫妻间忠诚义务，是无效婚姻。本案中，小丽与小明在亲戚邻里友朋的见证之下举办过婚礼，双方在自愿的情况下已经以夫妻名义共同生活，但小丽与小明并未登记结婚，后来也未补办过结婚证，属于非婚同居的行为，他们之间不是合法的夫妻关系，不受法律保护。而小丽又与小张办理了结婚登记，是合法的婚姻关系。小丽登记结婚的行为不属于前述重婚两种情形中的任何一种，并不构成重婚行为，依法受到保护，小明无权要求小丽离婚。当然，小明与小丽同居期间的财产也不属于夫妻共同共有财产，双方可以协商财产分割，协商不成的，法院可以根据照顾无过错方的原则判决。

法律依据

《民法典》第一千零四十一条 实行婚姻自由、一夫一妻、男女平等的婚姻制度。

《民法典》第一千零四十九条 要求结婚的男女双方应当亲自到婚姻登记机关申请结婚登记。完成结婚登记，即确立婚姻关系。未办理结婚登记的，应当补办登记。

《民法典》第一千零五十一条 有下列情形之一的，婚姻无效：

（一）重婚；

（二）有禁止结婚的亲属关系；

（三）未到法定婚龄。

2. 未举办结婚仪式的“尚未过门”的女方，能继承其去世丈夫的遗产吗？

- **案例**

刘某某与张某某大学毕业后在同一公司工作2年多，彼此相知相爱，当年五一期间，刘某某与张某某在女方户口所在地民政局登记结婚，领取了结婚证。十一期间，两人将各自的钱取出来买了一套房、一辆车和家电等，准备元旦举办结婚仪式。但不幸的是，12 月初刘某某因车祸去世。在处理刘某某遗产时，张某某要求继承丈夫刘某某的遗产，但刘某某的父母认为这些财产的证书上是儿子一个人的名字，男女双方也未举办结婚仪式，张某某未过门，不能继承儿子的遗产。张某某未举办结婚仪式就不能继承遗产了吗？

- **结论**

张某某有权利继承其丈夫刘某某的遗产。

- **分析**

夫妻相互继承遗产的权利有两个前提条件：（1）夫妻关系是否存在，要看是否登记并领取结婚证。（2）夫妻一方死亡并留有遗产。夫妻一方死亡发生的时间就是夫妻另一方继承遗产开始的时间，一方死亡时的个人财产就是遗产。显然，只要具备这两个条件，夫妻中另一方就依法享有遗产继承权，而与是否"举办结婚仪式""婚姻关系存续时间长短"无关。本案中，刘某某与张某某于五一期间，在女方户口所在地民政局登记结婚，领取了结婚证，已经是合法夫妻。刘某某与张某某共同出资置办的房子、车子及家电发生在婚姻关系存续期间，属于夫妻共同财产，而不论登记在哪一方的名下。因此，丈夫刘某某去世，妻子张某某依法享有继承丈夫遗产的权利，任何人不得侵犯或限制。

法律依据

《民法典》第一千零四十九条 完成结婚登记，即确立婚姻关系。

《民法典》第一千零六十一条 夫妻有相互继承遗产的权利。

3. 对未达法定婚龄的婚姻申请无效婚姻，会获得法院支持吗？

- **案例**

20岁的石某某（男）与18岁的陈某某（女）通过疏通关系在镇人民政府登记结婚。共同生活期间，双方曾因生活琐事发生过矛盾。3年后，石某某外出打工，其间与工友陶某某同居生活，并准备于新年年初同陶某某登记结婚。于是趁年底回家过年时，石某某向法院起诉，因石某某与陈某某3年前结婚时双方均未达到法定婚龄，请求宣告其婚姻无效。他认为一旦与陈某某的婚姻无效，自己就可以一身轻松地与已经同居的陶某某结婚，而且不需要向对方承担损害赔偿责任。法院会宣告其婚姻无效吗？

- **结论**

石某某向法院申请婚姻无效的请求不能获得法院的支持。

• 分析

结婚双方必须达到法定婚龄是结婚的有效要件之一，这是法律出于对当事人婚姻意愿自由表达和婚姻关系稳定、安全的追求。未达法定婚龄的男女，自登记结婚到提出离婚之时，仍未达法定婚龄，其婚姻为无效婚姻。但如果提出离婚或请求宣告无效婚姻时，双方已达到法定婚龄的，则因为原初法定婚龄不足而导致无效婚姻情形已消失，此时就不能再请求无效婚姻了，因此法院按照离婚案件处理则更合理。本案中，石某某与陈某某虽然在3年前登记结婚时双方均未达法定婚龄，但在石某某请求无效婚姻宣告时，男女均已达到法定婚龄，因此，法院对于石某某提出的无效婚姻宣告请求，不予支持，而应按照《民法典》第一千零七十九条规定，判断双方是否“感情已破裂”，据之裁判是否“准予离婚”。

法律依据

《民法典》第一千零四十七条 结婚年龄，男不得早于二十二周岁，女不得早于二十周岁。

4. 姨表兄妹办了婚礼后反悔的，可以请求返还彩礼钱吗？

• 案例

张某某与靳某某是姨表兄妹，自小往来密切，长大同校读书，高中毕业后，外出至同一城市打工。张某某 20 岁时，在家人操办下两人未经登记，按农村风俗举办婚礼。后来，张家得知近亲结婚不利于下一代人健康，担心“断后”，于是提出解除他俩的婚姻关系，并要求靳家一次性退还自家给付的彩礼 8 万元。靳家认为婚嫁是双方家庭商量着办的事，自己家为办这桩婚事花费也不少，坚决不同意返还彩礼钱。姨表兄妹结婚后反悔的，男方可以请求返还彩礼钱吗？

• 结论

姨表兄妹结婚后反悔的，支付彩礼钱的男方可以请求返还彩礼钱。

• 分析

直系血亲或者三代以内的旁系血亲之间结婚生子的，因血缘关系太近，容易将生理上和精神上的疾病或缺陷遗传给后代，不利于优生优育，有碍于形成良好的婚姻道德观，因此，“有禁止结婚的亲属关系的婚姻无效”。本案中，张某某与靳某某双方不仅结婚时未达到法定结婚年龄，而且系姨表兄妹关系，是三代以内的旁系血亲，是法律禁止结婚的血亲关系。依据《民法典》

第一千零五十四条，因无效的婚姻而获得的彩礼就没有合法或者合理的基础了，双方应当协商返还。张家和靳家共同举办婚礼的行为均有过错，应承担各自的责任。因此，靳家以举办婚礼也有开支费用为由拒绝返还张家的彩礼钱不能成立，靳家基于“无效婚姻”获得的 8 万元彩礼钱，应当予以返还。

法律依据

《民法典》第一千零四十八条 直系血亲或者三代以内的旁系血亲禁止结婚。

《民法典》第一千零五十四条 无效的或者被撤销的婚姻自始没有法律约束力。同居期间所得的财产，由当事人协议处理；协议不成的，由人民法院根据照顾无过错方的原则判决。

5. 婚后，女方必须去男方家生活吗？

- **案例**

男青年靳某某与女青年景某某经人介绍相识、恋爱，两人情投意合，双方准备领取结婚证，就在靳某某和景某某满心欣喜准备办婚事时，双方父母因为对其子女婚后到谁家生活的事产生争议。景某某的父母要求女儿结婚后，先在娘家住几年，等到她当兵的哥哥转业回来后再住到婆家。而靳某某的父母却认为，靳某某结婚后去女方家住，等于给人家做儿子，十分丢脸，所以坚决不同意。为此，靳某某和景某某的婚事便被拖下来。婚后女方就必须去男方家生活吗？

• 结论

结婚后，女方景某某可以到男方家生活，男方靳某某也可以到女方家生活，而不是女方景某某必须到男方家生活。

• 分析

男女双方婚后选择在男方家生活还是在女方家生活是婚姻中平等自由的内容之一，应当遵循男女双方自愿协商、男女平等、不受歧视原则。而究竟如何选择往往是男女双方根据方便家庭生活、工作以及照顾老人、子女读书等要素所做的合情合理安排。本案中，女方景某某的父母根据家中的具体情况，要求女儿、女婿结婚后在自己家住几年，其要求合情合理。靳某某的父母却认为儿子到女方家去住是“给人家做儿子”，是“丢脸”，显然是受世俗陈腐观念的影响，他们为此而干预子女的婚姻，更是错误的。

法律依据

《民法典》第一千零五十条 登记结婚后，按照男女双方约定，女方可以成为男方家庭的成员，男方可以成为女方家庭的成员。

6. 隐瞒婚前患有智力障碍结婚的，另一方婚后可请求撤销婚姻吗？

• 案例

严某于某年4月经某县残疾人联合会认定为精神病，病情时好时坏，好的时候和正常人也没什么区别。现已经到了法定婚龄，父母也在考虑她的婚姻大事。钟某24岁，身体状况良好。经过中间人介绍，二人相识相处，也到了谈婚论嫁的阶段。某年某月某日，严某的母亲与钟某的母亲陪同严某和钟某前往该县妇幼保健院进行婚前医学检查，经检查，未发现严某存在医学上不宜结婚的情形。隔日，严某的母亲与钟某的母亲陪同严某和钟某前往该县民政局婚姻登记处办理结婚登记。结婚2年后严某突发精神病，伤害了婆婆和1名邻居。在医生追问下，严某家长才如实告知严某婚前患有精神病的实情。钟某婚后能否以对方患有精神病为由请求撤销该婚姻？

• 结论

钟某从知道对方患有精神病事由 1 年内可申请撤销该婚姻。

- **分析**

精神疾病是影响夫妻、家庭生活安全并可能遗传给子女的疾病，在结婚登记前，患有重大疾病的一方应当告知对方。也就是一方婚前患有重大疾病的，在结婚登记时有主动告知对方的“诚信义务”，而对方对这种情形享有知情的权利。否则，对方可以向人民法院请求撤销婚姻。本案中，按照《民法典》规定，只要严某在结婚前将病情如实告知钟某，钟某也完全出于自愿，那么这个婚姻就是受法律保护的。但由于严某及她的家人隐瞒了病情，结婚 2 年后钟某才发现严某患病，如果钟某提出异议，就可以申请撤销婚姻。这里要注意的是，钟某行使撤销婚姻的时间从其婚后知道严某患有精神疾病之日起 1 年内。逾期后，他可以提起离婚诉讼，也可以继续维持这桩婚姻。

法律依据

《民法典》第一千零五十三条规定 一方患有重大疾病的，应当在结婚登记前如实告知另一方；不如实告知的，另一方可以向人民法院请求撤销婚姻。

7. 申请撤销受胁迫的婚姻，同时可以要求胁迫者损害赔偿吗？

• **案例**

小张（男）与小胡（女）不曾相识，两人在同一城市打工，与其他两人同租一房，后另两人离开，合租房内仅剩小张和小胡孤男寡女。某夜小张醉酒回来进错房间一觉睡到天亮，小胡对其拍照威胁不与自己结婚就网传照片并索要工资、财物，数额不菲。小张迫于威胁与小胡登记结婚。婚后小胡控制丈夫经济，限制其与人交往。小张感到被胁迫的婚姻就是枷锁。于是向法院申请撤销婚姻，并要求小胡赔偿自己为结婚而支出的彩礼、婚纱照、酒水等费用及精神损失费，共计 12 万元。小张申请撤销受胁迫的婚姻，同时可以要求胁迫者损害赔偿吗？

• **结论**

小张可以申请撤销受胁迫的婚姻，同时可以要求小胡赔偿自己因结婚而产生的花费。

• **分析**

结婚是男女双方婚前相知、愉悦相处、完全自愿共同生活的行为，如果是受到人身、财产、感情的威胁而被迫结婚，就违背了自愿、愉悦的前提。这样的婚姻究竟是有效还是无效，双方当事人可以在合理的期限内作出肯定或否定的选择。如果双方接受、维持这样的二人世界，法律就不必干预；如果受胁迫的一方在受胁迫行为发生或受胁迫状态结束后 1 年内向法院提出撤销婚姻关系申请的，则该婚姻无效。相应地，因受胁迫导致婚姻被撤销的，无过错的一方有权请求有过错的一方赔偿自己为结婚而承受的损失，包括财产损失和精神损失。本案中，小张与小胡虽在形式上登记结婚，但实际上小张是在受到小胡“拍照威胁，不与自己结婚就网传照片并索要工资、财物”等胁迫而结婚，属于违背结婚自愿的情形。小张可以在受胁迫结婚后 1 年内行使撤销权。小张一旦行使撤销权并获得法院支持，该婚姻便成为无效婚姻。同时，小张作为受胁迫方可以请求有过错的小胡赔偿自己为筹办这桩“受胁迫的婚姻”的相应开支和精神损失费。本案中，毫无疑问小胡是有过错的一方，而小张虽然酒后“进错房间”，但这并不能成为小胡胁迫其结婚的理由，因此，小胡必须赔偿小张相应的损失。至于赔偿的具体数额，需要小张举证和法院的认定。

法律依据

《民法典》第一千零五十二条 因胁迫结婚的，受胁迫的一方可以向人民法院请求撤销婚姻。

请求撤销婚姻的，应当自胁迫行为终止之日起一年内提出。

《民法典》第一千零五十四条 婚姻无效或者被撤销的，无过错方有权请求损害赔偿。

第二章　家庭关系

8. 可以要求“入赘”的丈夫改随女方姓氏吗?

• 案例

小杰家弟兄二人，小洋是独生女。小杰和小洋经熟人介绍认识，两人相处融洽遂登记结婚。小洋为了照顾生病的母亲，与小杰商量婚后在娘家安家，让小杰“入赘”（男女结婚后，男方到女方家成亲落户，成为女方家庭成员）。小杰认为这样既能照顾岳母，又暂缓买房的压力（自己家弟兄俩，买两套房确实困难）。婚后不久，小洋便跟丈夫提出要求丈夫改随自己的姓，丈夫觉得自己“入赘”就已经很勇敢了，但改姓他不干。首先，这给生活、工作带来很多麻烦；其次，别人会对自己另眼相看。于是小杰坚持自己的姓名权而不同意改姓。法律上小洋可以要求“入赘”的丈夫改姓吗?

• **结论**

小洋要求丈夫改随自己的姓氏的行为是错误的，也是违法的。

• **分析**

每个人有权依法决定、使用、变更或者许可他人使用自己的姓名，这是尊重他人人格和人格平等的要求。夫妻双方结婚后，尊重对方对自己姓名的决定、使用、变更的权利，这是尊重夫妻人格、夫妻平等的要求。所以，婚后夫妻可以继续使用自己原来的姓名，双方互不随姓——即使是男方入赘；夫妻姓氏平等，任何一方不得强迫另一方随自己姓。本案中因为丈夫“入赘”，小洋就要小杰改随自己的姓氏的行为显然违背夫妻关系中的平等原则，是侵犯丈夫姓名权的行为。当然，婚姻关系中，男女基于约定或协商，可以自愿女随男姓或男随女姓。

法律依据

《民法典》第一千零一十二条　自然人享有姓名权，有权依法决定、使用、变更或者许可他人使用自己的姓名，但是不得违背公序良俗。

《民法典》第一千零五十六条　夫妻双方都有各自使用自己姓名的权利。

9. 婚后一方能限制对方参加生产、工作、学习和社会活动吗?

• 案例

某单位干部刘某某与该市某公司女工林某某恋爱结婚。林某某积极上进、性格开朗、工作努力，而且能歌善舞，多才多艺，是公司里的生产能手，也是文艺活动的骨干。丈夫刘某某在婚前对妻子的工作、学习和参加的各项活动并未提出什么异议，但婚后却总想把妻子拴在自己身边，不让妻子参加各种正当活动。有时，妻子加班或者参加学习回来晚了，他就刨根问底，疑神疑鬼；妻子去参加文艺演出，他就大发雷霆。林某某的行动自由受到了限制，还经常受到无端的猜疑，心情很压抑，两人的感情逐渐疏远。婚后夫妻一方能限制另一方的生产、工作、学习和社会活动吗?

• 结论

夫妻双方都有参加生产、工作、学习和社会活动的自由，夫妻一方不能限制另一方生产、工作、学习和社会活动。

• 分析

结婚后参加生产、工作、学习和社会活动是家庭建设发展、个人发展以及社会进步的需要。本案中，丈夫刘某某的行为显然过度限制妻子的人身自由权和择业自由，是错误的，也是违法的。夫妻任何一方在行使自己的权利时，都要尽夫妻义务，不得侵犯另一方的合法权利和自由。即使确实是因为备孕、生育、照顾家庭等原因，需要较长时间离岗在家，也应该是基于双方自愿、平等、协商的基础上，而不能强行或用侮辱人格的方式限制或者干涉另一方的生产、工作、学习和社会活动的自由。

法律依据

《民法典》第一千零五十七条 夫妻双方都有参加生产、工作、学习和社会活动的自由，一方不得对另一方加以限制或者干涉。

10. 夫妻一方多年患病，已经分居的另一方需要给予扶养费吗？

- **案例**

韩某某与朱某某经人介绍相识后确立恋爱关系，并登记结婚。婚后夫妻双方一直在镇街道店面共同经营茶叶生意，收益较好。某年 8 月韩某某因宫外孕手术被切除输卵管。由此夫妻之间产生矛盾，夫妻关系开始僵化。后来，韩某某又被检查出患有脑瘤并住院动手术，花费医疗费用 8 万余元。出院后韩某某留在其妹妹家里休养，韩某某手术和康复期间朱某某一直没有去探望，仅朱某某的父亲送去医疗费 15000 元，后医疗保险报销 12000

元，其余款项均是韩某某从其亲戚、朋友处借款支付。2年来，韩某某一直休养身体，难有收入，无力偿还自己因治疗、康复所花费的5万多元的债务。一直分居的朱某某有义务给付妻子扶养费吗？

• **结论**

韩某某完全有权向丈夫朱某某索要扶养费，朱某某有义务给付妻子扶养费。

• **分析**

夫妻之间负有经济上互相扶助，生活中互相照顾和互相帮助的权利和义务。本案中，虽然现在韩某某与朱某某分居生活，但他们的婚姻关系并未解除，婚姻关系存续期间，妻子的治疗费用也是双方的共同债务，妻子韩某某因患病而在经济上处于严重拮据状态，而她的丈夫朱某某却具有一定的支付能力，因此，依据《民法典》第一千零五十九条的规定，丈夫朱某某依法应当给付妻子扶养费用，当然其给付的具体数额可视双方的实际经济情况而定。

法律依据

《民法典》第一千零五十九条 夫妻有相互扶养的义务。

需要扶养的一方，在另一方不履行扶养义务时，有要求其给付扶养费的权利。

11. 未经丈夫同意，妻子能代表家庭免除小舅子 10 万元借款吗？

• 案例

张某某与刘某某结婚数年，共同经营小商品批发生意，家庭经济较宽裕。某日，妻子刘某某弟弟因准备婚房向姐姐借款 10 万元。妻子未告知丈夫借给其弟弟 10 万元买房款。一年后某日，其弟弟要换车又向姐姐开口借款 15 万元，姐姐考虑到弟弟前面的借款尚未归还，不想再借款。于是就说，前面的 10 万元借款不要了，现在也没有钱借给他买车。丈夫后来知道此事，坚决不同意免除 10 万元买房款，同妻子、小舅子激烈争吵。妻子认为人情往来属于家事，夫妻双方互有代理权，自己可以代表家庭做出免除债务的决定。未经丈夫同意，妻子能以家事代理的名义免除小舅子 10 万元买房借款吗？

• 结论

未经丈夫同意，妻子不能免除小舅子 10 万元买房借款。

• 分析

夫或妻就日常家事需与家庭成员以外的第三人发生小额借用、买卖、赠送、互助等法律行为时，可以以包括夫妻另一方在内的家庭的名义执行，无需得到对方授权，也不必以对方名义实施，该行为的法律后果直接约束夫妻双方，由夫妻双方承担一方实施的代理的后果。但涉及家庭大额共同财产的处理等事项，还是必须经过共同共有人同意，否则易给夫或妻或第三人利益带来损害。本案中，张某某与刘某某系夫妻关系，日常家事上的开支，夫妻任何一方都有家事方面的单独的处理权。借款给小舅子买房不是一般意义上的“家事”，借出的是10万元这样的大额夫妻共同财产。妻子不应该代表家庭独自做出决定，更不能单方面免除这笔属于夫妻共同财产的10万元的债权。因此，妻子不能以家事代理权的名义单方面借款和免除这项借款的债权。

法律依据

《民法典》第一千零六十条 夫妻一方因家庭日常生活需要而实施的民事法律行为，对夫妻双方发生效力，但是夫妻一方与相对人另有约定的除外。

12. 房产证只写一个人名字的房屋，属于个人财产吗？

• **案例**

林小姐和周先生准备在明年结婚。去年年中，两个人在双方家庭资助下付了45万元首付，贷款购得一套145万元的三居室。由于周先生名下没有房产，而林小姐已在本地拥有一套单身公寓，二套房可能遭遇首付提高和贷款利率大增的问题，为省下一笔费用，双方协商房产证上只写周先生的名字，而林小姐及其家庭出资的28万元私下以借条方式体现。购房后，两个人共同负担贷款，目前房产已增值至200万元。由于此套房产只写了周先生一个人的名字，那么它是否已成为周先生的个人婚前财产呢？

• 结论

该房屋虽然是婚前购买，且产权证上只有周先生一人的名字，但它并非周先生婚前个人财产，一旦他们结婚，该房屋就应认定为夫妻共同财产。

• 分析

夫妻共同财产是发生在夫妻关系存续期间的，以工资、劳动报酬、生产经营、知识产权收入、受到的捐赠或继承等财产。但本案所涉财产比较特殊。其一，它发生在婚前。其二，它是双方婚前约定共同出资、共同负担贷款，并以结婚为目的购买的房屋。其三，至于房产证上写谁的名字以及28万元借款字据的目的应当解释为规避法律的行为——少交契税和贷款利息，并不是真正意义上的一方借钱给另一方、另一方单方买房登记在一方名下的意思。而且，“购房后，两个人共同负担贷款”的行为进一步证明了他们共同出资购买房屋，并因此对房屋及其增值部分的共同所有的性质。根据《民法典》第二百九十八条的规定，双方结婚前可以理解为双方按份共有财产，一旦双方领取结婚证（即婚姻关系成立之后）则房屋由双方按份共有变为共同共有财产。即便两人结婚之后房产证上的名字没有从一人更改为二人，该房屋也属于夫妻双方的共同财产。

法律依据

《民法典》第一千零六十二条 夫妻在婚姻关系存续期间所得的下列财产，为夫妻的共同财产，归夫妻共同所有……（五）其他应当归共同所有的财产。

13. 父母出资为已婚子女一方购买的房屋，应归谁所有？

- **案例**

王小姐与李先生结婚 3 年，因感情不和准备离婚。2 年前，李先生的父母出资 30 万元购买一套住房，产权在李先生的名下。离婚时他们对该套房屋的归属发生争执，李先生认为，在他名下的房屋是由他父母出资购买的，应归他个人所有。而王小姐认为该房是其婚后所得，属于夫妻共同财产，对该房产应该进行平均分割。那么，该房屋应如何定性和分割呢？

- **结论**

房屋应定性为王小姐与李先生夫妻关系存续期间接受赠与获得的共有财产，分割财产时应平均分割。

• 分析

继承或接受赠与是夫妻获得共同财产或夫妻关系存续期间夫妻一方获得个人财产的来源之一。到底是夫妻双方获得还是夫妻一方获得该财产的区分界限在于"遗嘱或者赠与合同中有没有确定财产只归一方"，有则归其中一方，无则属于夫妻关系存续期间获得的夫妻共同财产。本案中，在王小姐与李先生婚姻关系存续期间，男方父母出资购买该房屋并登记在男方李先生名下。其父母在买房和房产登记时并未明确该房屋产权是李先生一方所有。因此，依据《民法典》第一千零六十二条第四项和《民法典》第一千零六十三条第三项的规定，该房屋认定为夫妻共同财产，离婚时，可以对该房产进行平均分割。

法律依据

《民法典》第一千零六十二条　夫妻在婚姻关系存续期间所得的下列财产，为夫妻的共同财产，归夫妻共同所有：(一)工资、奖金、劳务报酬；(二)生产、经营、投资的收益；(三)知识产权的收益；(四)继承或者受赠的财产，但是本法第一千零六十三条第三项规定的除外；(五)其他应当归共同所有的财产。

《民法典》第一千零六十三条　下列财产为夫妻一方的个人财产：(三)遗嘱或者赠与合同中确定只归一方的财产。

14. 未经另一方同意出售了夫妻共有的学区房，另一方能请求返还该房屋吗?

• 案例

大龄未婚青年张某某与何某某相恋半年后领取了结婚证，决定购买好了婚房后再办结婚典礼。两个月后双方共同出资购得一80平方米的学区房，婚后共同还贷，但该房屋只登记在何某某名下。张某某和朋友一起经营生意，效益非常好，提前还清了该学区房房贷后，张某某与何某某商定购买了一个大面积的房屋并搬入新房，原学区房便空置了。刘某通过朋友认识了何某某，想购买何某某原来的学区房。何某某本想和张某某商量一下，但是又怕张某某不同意，于是决定先将该房出售。最后何某某以72万元的价格将房屋卖给了刘某并办理了过户手续。后来张某某知道了何某某卖房的经过，坚决要求刘某返还房屋。那么，张某某有权利要求刘某返还房屋吗?

• 结论

张某某无权要求刘某返还原本属于其夫妻共有的房屋。

• 分析

夫妻双方家庭地位平等，对包括房屋等在内的夫妻共同财产有平等的处理权。这里基于对夫或妻的“尊重”和“信任”，在一方处理大额财产或重要财物时应当经过另一方的同意，否则有过错的一方给夫或妻另一方造成损失的应当承担责任。但夫妻这种处理财产的行为对第三人会有什么影响呢?《最高人民法院关于适用〈中华人民共和国婚姻法〉若干问题的解释(三)》第十一条规定:“一方未经另一方同意出售夫妻共同共有的房屋,第三人善意购买、支付合理对价并办理产权登记手续,另一方主张追回该房屋的,人民法院不予支持。”本案中,该房屋虽然仅登记了何某某一个人的名字,但是该房是张某某和何某某婚后用二人共有的积蓄购买、共同还贷的,属于夫妻共有财产。何某某未经张某某同意擅自出售了其与张某某的夫妻二人共同共有的学区房,但是第三人刘某根据房产证上仅为何某某 1 人为所有人、以正常的市场价购买,并且办理了过户手续,完成了该房屋的产权变更,因此,刘某合法善意取得了该房屋所有权。根据法律规定,张某某无权要求善意第三人刘某归还该房屋。出售共有房屋并由此给另一方造成的损失,可由出售房屋的一方给予赔偿。

法律依据

《民法典》第一千零八十二条 夫妻对共同财产,有平等的处理权。

15. 用婚前个人财产购买的房屋及其增值部分，属于共同财产吗？

• 案例

甲男与乙女登记结婚。婚后，甲男出售自己位于郊区的婚前房屋，并用该房款购买了市中心总价为20万的房屋一套，产权登记在甲男名下。乙女用自己的婚前住房公积金账户上的58000元对该房屋进行了装修。3年后，甲男将该房屋以60万元的价格出售，包含婚后购买的家具电器估价约1万元。甲男卖房后次年，乙女诉至法院，要求判令双方离婚。分割夫妻共同财产时乙女提出，甲男出卖房屋获得的60万元是婚后购买的房屋及其增值，减除甲男该套房的原价20万，剩下的40万属于共同财产，应均分。甲男婚后用婚前个人财产购买的该房屋及其增值部分，属于共同财产吗？

• 结论

甲男应该是该房屋及其增值的60万元钱的所有人，离婚时，不应该将该财产纳入共同财产进行分割，但应将其中由女方所出的58000元的装修款和作为共同财产的1万元家具电器中的5000元归还女方。

• 分析

夫妻一方的婚前财产始终是个人财产，但夫妻个人财产在婚姻关系存续期间通过双方的协作劳动、努力或管理等而增值的，该增值部分应当属于夫妻共同财产；夫妻一方个人财产在婚姻关系存续期间因通货膨胀或市场行情的变化而增值，与夫妻一方或者双方的协作劳动、努力或管理等并无关联，该增值部分仍然属于夫妻一方的个人财产。本案中，甲男购买位于市中心的房屋虽然发生在婚姻关系存续期间，但其购房款的来源是甲男卖了自己的婚前财产，此时，甲男的婚前财产只是从原来的A房产转化为货币，又从货币转化为B房产，其性质依然是甲男的婚前财产，该房屋仍属甲男所有。甲男出售该房屋时，由于房价上涨的市场因素而获得收益，该收益属于自然增值，因此房产收益应属于甲男所有。但需要注意的是，甲男同时转让了该房中家具电器以及乙女在该房屋上的添附（装修）。家具电器系婚后陆续购买，依《民法典》第一千零六十二条的规定，总价中1万元家具电器部分为夫妻共同财产。房屋装修的58000元是从乙女婚前账户支出，依据《民法典》第一千零六十三条规定，认定为乙女的个人财产。适当考虑到房屋装修折旧的因素，甲男支付乙女房屋装修补偿款近58000元，以及夫妻共同财产中的家电部分分割的5000元。可见，婚后买房也不一定是夫妻共同财产。

法律依据

《民法典》第一千零六十三条 下列财产为夫妻一方的个人财产：

（一）一方的婚前财产；

（二）一方因受到人身损害获得的赔偿或者补偿；

（三）遗嘱或者赠与合同中确定只归一方的财产；

（四）一方专用的生活用品；

（五）其他应当归一方的财产。

《最高人民法院关于适用〈中华人民共和国婚姻法〉若干问题的解释（三）》第五条 夫妻一方个人财产在婚后产生的收益，除孳息和自然增值外，应认定为夫妻共同财产。

16. 夫妻关系存续期间的个人借款，另一方需要偿还吗？

• 案例

某年2月至7月，单某某以炒股、投资为由，先后多次向同事蒋某某借款共27万元，并以个人名义向蒋某某出具借条。该年8月5日，单某某与荣某某协议离婚，其中明确单某某因赌博、股票交易所负30万元债务由单某某负责偿还。后蒋某某向法院提起诉讼，提出27万元借款系单某某与前夫荣某某在婚姻关系存续期间所借，应由两人连带清偿。蒋某某要求单某某与荣某某共同偿还夫妻关系存续期间的个人借款的请求会得到法院的支持吗？

• 结论

单某某与前夫荣某某在婚姻关系存续期间所借的债款属于单某某个人债务，蒋某某要求夫妻共同偿还以夫妻一方名义的借款的请求不会得到法院的支持。

• 分析

根据《民法典》第一千零六十四条的规定，认定是否属于夫妻共同债务，需要看以下三个方面：（1）夫妻双方共同签名或者夫妻一方事后追认等共同意思表示所负的债务；（2）是否是夫妻一方在婚姻关系存续期间以个人名义为家庭日常生活需要所负的债务；（3）债权人能够证明夫妻一方在婚姻关系存续期间以个人名义超出家庭日常生活需要所负的债务用于夫妻共同生活、共同生产经营或者基于夫妻双方共同意思表示。

本案中，虽然被告单某某借债发生在单某某与前夫荣某某婚姻关系存续期间，但该借债并不属于“夫妻双方因婚姻共同生活及在婚姻关系存续期间履行法定扶养义务所负的债务”，形式上也不是基于单某某与荣某某的共同意思表示或事后追认或被证明用于他们共同生产经营活动。被告单某某向原告借款事前未与荣某某商量，事后也未告知，两被告无共同举债的合意。原告未提供证据证明该借款及其收益用于夫妻共同的家庭生活，且在离婚协议中载明该借款被单某某个人炒股和打牌所用。综上，本案讼争借款应认定为被告单某某个人债务。

法律依据

《民法典》第一千零六十四条 夫妻双方共同签名或者夫妻一方事后追认等共同意思表示所负的债务，以及夫妻一方在婚姻关系存续期间以个人名义为家庭日常生活需要所负的债务，属于夫妻共同债务。

夫妻一方在婚姻关系存续期间以个人名义超出家庭日常生活需要所负的债务，不属于夫妻共同债务；但是，债权人能够证明该债务用于夫妻共同生活、共同生产经营或者基于夫妻双方共同意思表示的除外。

17. 财产“AA”约定，能拒绝清偿婚姻关系存续期间对第三人的债务吗？

- **案例**

苏女士租赁王先生所在建筑公司的房产经营旅社生意，王先生在该建筑公司当监理。经介绍二人相识，于次年5月登记结婚。婚后，两人签订了《协议书》和《财产公证书》各1份。约定“夫妻双方原则上实行‘AA’制，各自收益归个人所有，个人的物品归个人使用。用于共同生活中的物品共同支出，双方各承担一半……”“夫妇无共同债权债务，各自发生的债权债务分别由各自承担”。一日，王先生所在公司要求王先生支付其妻承租的旅馆租金7万元。王先生则认为，自己与苏女士自愿签订《协议书》和《财产公证书》，对家庭日常生活的经济模式和婚前婚后的财产约定是合法有效的，苏女士经营的债务由她自己偿还。苏女士也要求王先生支付7万元租金，理由是旅馆经营效益不佳，而且王先生经常带人长期入住旅馆不支付住宿费。这里，王先生能以夫妻婚后财产“AA”约定拒绝偿还婚姻关系存续期间的债务吗？

• **结论**

王先生不可以财产“AA”约定拒绝偿还苏女士旅馆经营所欠的债务。

• **分析**

夫妻双方约定婚前婚后财产归属，这是对双方个性和家庭财产状况多样性的尊重。本案中，苏女士、王先生签订了《协议书》和《财产公证书》，该协议对各自的收益、家庭支出、债权债务的承担等所作的约定是明确的，该约定合法有效。因此，该约定“对双方具有法律约束力”。但《民典法》第一千零六十五条第三款规定“夫妻对婚姻关系存续期间所得的财产约定归各自所有，夫或者妻一方对外所负的债务，相对人知道该约定的，以夫或者妻一方的个人财产清偿”。言外之意，相对人不知道该约定的，相对人则可以向夫或妻一方或双方要求清偿。本案中，王先生所在的公司无理由知道王先生夫妇关于财产“AA”制的约定，因此可以向王先生提出清偿要求。除非王先生能够举证该公司出租房屋给苏女士经营旅馆生意时知道王先生与苏女士夫妻关于财产“AA”制的约定。

当然，清偿7万元租金后，王先生可依夫妻俩“AA”制约定向苏女士主张赔偿；而苏女士可依“AA”制约定就“王先生经常带人长期入住旅馆不支付住宿费”向王先生索要欠付的住宿费。

法律依据

《民法典》第一千零六十五条 男女双方可以约定婚姻关系存续期间所得的财产以及婚前财产归各自所有、共同所有或者部分各自所有、部分共同所有。约定应当采用书面形式。没有约定或者约定不明确的，适用本法第一千零六十二条、第一千零六十三条的规定。

夫妻对婚姻关系存续期间所得的财产以及婚前财产的约定，对双方具有法律约束力。

夫妻对婚姻关系存续期间所得的财产约定归各自所有，夫或者妻一方对外所负的债务，相对人知道该约定的，以夫或者妻一方的个人财产清偿。

18. 非婚同居的一方给第三人造成损害的，由谁的财产承担赔偿责任？

• 案例

某年7月，唐某某（男同学）与荣某某（女同学）大学毕业后，以夫妻名义共同生活，共同经营鲜花店面。几年下来，唐某某名下店面本金达15万元，皮卡车、奇瑞SUV各一辆；荣某某名下存款20余万元，二人也准备在县城购买婚房。这年8月某日，唐某某送货途中由于酒后驾车出车祸致人重伤，医疗费、伤残补助费、误工费等共计38万元。由于酒驾，不能获得保险公司理赔，受害人起诉赔偿责任由唐某某和荣某某共同财产承担。而驾驶人唐某某认为他们不是夫妻关系，该损害赔偿只能由自己个人承担。那么，同居期间，同居关系一方导致第三人损害的，由共同财产还是由肇事者个人财产承担责任呢？

• 结论

该损失应该由唐某某的个人财产以及唐某某和荣某某同居期间共同出资、共同经营管理所获得的共同财产承担赔偿责任。

• 分析

男女双方未办结婚登记而以夫妻名义同居生活的属于未婚同居，同居期间所得的财产并非夫妻共同共有财产。同居生活期间双方共同所得的收入和购置的财产是个人财产和一般共同财产处于共存的状态，即个人劳动所得、个人财产及其增值属于个人财产；共同劳动所得、共同财产及其增值属于一般共有财产。本案中，唐某某和荣某某以夫妻名义共同生活、共同经营，系同居关系。他们从大学毕业后就共同经营花店，他们经营所得的车辆、店面、存款及其他共同生活用品均属于他们同居期间的共同财产。另一方面，同居期间产生的债务，如果是个人所欠，个人独立偿还；如果是共同所欠，由双方负连带责任予以偿还，即同居期间因共同生产、生活或基于共同意思表示或追认形成的债权、债务为共同的债权、债务，由双方互负连带责任。本案中，唐某某与荣某某以夫妻名义共同生活，形成同居关系。唐某某出车祸的起因也是共同经营（送货）过程中发生的，因此此侵权行为属于业务过程中的侵权行为，应由同居双方以共同的财产对车祸造成的他人的损失共负连带责任，债权人可以向唐某某、荣某某任何一人或两人请求赔偿全部损失或者由唐某某先以其名下财产清偿，不足的部分由荣某某名下的财产清偿。当然，如果唐某某和荣某某后来并没有结婚，由此赔偿给无过错的荣某某带来的损失，荣某某可以要求唐某某给予赔偿。

法律依据

《最高人民法院关于人民法院审理未办结婚登记而以夫妻名义同居生活案件的若干意见》第十条 同居生活期间双方共同所得的收入和购置的财产，按一般共有财产处理。

《民法典》第一千零五十四条 同居期间所得的财产，由当事人协议处理；协议不成的，由人民法院根据照顾无过错方的原则判决。

19. 全职太太对婚前由男方一方购买、婚后用共有财产还贷的房产有共有权吗？

- **案例**

王超（化名）结婚前以个人名义签订购房协议，支付了首付款，贷款购买了一套两居室。与左青青（化名）结婚后，他继续偿还贷款，目前还有25万元的贷款尚未还清。由于性格不合，两人多次争吵，双方协议离婚。在协议财产分割时，双方对婚前由男方一方贷款买房婚后还贷的房产有争议。因为近年来房产市场火爆，这套房产的价值现可能增值2倍。男方认为，这套房产是自己婚前购买的，婚后女方就一直在家做全职太太（没有工作或辞去工作，只在家照顾一家人饮食起居的女方），偿还贷款的支出也都是男方的创业收入，所以这套房产同女方没有任何关系。左青青对这套房产有没有共有权呢？

- **结论**

该套房为男方婚前财产，其所有权应归男方所有，包括其对该房未还贷款（25万元）；但女方基于夫妻关系和男方婚后用属于夫妻共有财产的“创业收入”还房贷，因而对房屋的增值部分享有收益权。

• **分析**

夫妻婚前个人财产属于个人财产，包括个人债务也应该由夫妻一方财产偿还。本案中，男方用婚前个人首付款和贷款购买的房屋产权归男方王超所有，相应地，婚后该房屋的25万元未偿还贷款也将作为王超的个人债务，由其自己负担。虽然左青青婚后一直居家，并没有收入来源，但他们夫妻关系存续期间，王超的收入也是夫妻共同财产，所以婚后偿还贷款的支出属于夫妻共同财产。根据婚后还贷金额在购房款中所占的比例，左青青有权主张该房产增值部分相应比例的利益。

法律依据

《民法典》第一千零六十二条 夫妻在婚姻关系存续期间所得的下列财产，为夫妻的共同财产，归夫妻共同所有：

（一）工资、奖金、劳务报酬；

（二）生产、经营、投资的收益；

（三）知识产权的收益；

（四）继承或者受赠的财产，但是本法第一千零六十三条第三项规定的除外；

（五）其他应当归共同所有的财产。

20. 离婚后，父母可以不抚养未成年的子女吗？

• 案例

甲与妻乙协议离婚，双方约定子丙由乙直接抚养，甲每月支付 2000 元的抚养费。后来乙与丁再婚，乙和丁结婚后产有一子，乙将 11 岁的丙交由乡下的奶奶抚养。甲得知乙再婚的消息后，非常生气，拒绝支付丙的抚养费。在丙 14 岁时奶奶去世，乙担心丙影响自己现在的生活，拒绝履行对丙的抚养义务，提出由丙的父亲甲抚养。甲则要求乙承担协议离婚时约定的义务。双方互相推卸责任。乙能拒绝直接抚养丙、甲能拒付抚养费吗？

• 结论

甲和乙必须承担对未成年儿子丙的抚养义务，包括一方直接抚养，另一方提供全部或部分抚养费用。父母不履行抚养义务时，丙有要求父母付给抚养费的权利。

• 分析

父母对未成年子女的抚养义务是无条件的，不因离婚和再婚或者其他任何借口而免除。父母不履行抚养义务时，未成年的或不能独立生活的子女，有要求父母付给生活费的权利。追索抚养费的请求，可向抚养义务人的所在单位或有关部门提出，也可直接向人民法院起诉。本案中，甲作为父亲对丙有抚养的义务，丙有要求甲付给抚养费的权利，这一权利不因父母离婚而丧失。乙作为丙的母亲，同时又是在与甲协议离婚时，约定由其对丙承担直接抚养义务，不应当因为再婚便拒绝履行对丙的抚养义务。

法律依据

《民法典》第一千零六十七条 父母不履行抚养义务的，未成年子女或者不能独立生活的成年子女，有要求父母给付抚养费的权利。

21."熊孩子"不爱读书，父母能一"弃"了之吗?

- **案例**

甲初中一年级开始逃学，与社会不良少年纠缠在一起，欺凌低年级同学。班主任通知其父母乙、丙后，乙、丙在对甲说服教育的同时，采取了每天护送其上学和放学的措施，但成效不大，甲仍寻找各种机会摆脱父母的看管。父亲乙见说服教育无用，便施以棍棒教育，甲仍屡教不改，祸事不断。乙、丙恼怒之下，将甲赶出家门。乙、丙所在的居民委员会对乙、丙提出批评，要求乙、丙，将甲送学校接受义务教育。父母对厌烦学习、屡教不改的孩子能一"弃"了之吗?

- **结论**

乙、丙作为父母对于厌学的孩子应当继续教育、保护并督促其接受、完成义务教育。

• **分析**

父母对子女的教育包括两个方面的内容：一是父母应当尊重未成年人受教育的权利，必须使适龄的未成年人按照规定接受义务教育，不得使在校接受义务教育的未成年人辍学；二是父母应当以健康的思想、品行和适当的方法教育未成年人，引导未成年人进行有益于身心健康的活动，预防和制止未成年人与不良人员接触，沾染不良习气，形成不良习惯。本案中，乙、丙作为父母不履行对丙的教育义务，使在校接受义务教育的未成年人丙辍学，相关组织和个人都有权予以劝阻、制止或者向有关部门提出检举或者控告。因此，该居民委员会有权要求乙、丙继续承担对未成年人甲的教育义务。

法律依据

《民法典》第一千零六十八条 父母有教育、保护未成年子女的权利和义务。未成年子女造成他人损害的，父母应当依法承担民事责任。

22. 子女对再婚的父亲或母亲，还有赡养的义务吗？

• **案例**

甲的母亲10年前去世，甲的父亲乙在甲结婚后与丙再婚。由于丙没有收入来源，乙、丙二老还要常年吃降血压、降血糖的药，使得乙本来就不多的退休金变得更加捉襟见肘，乙要求甲履行对自己的赡养义务。甲事前不同意父亲再婚，与父亲关系僵化，拒绝支付赡养费。乙不得不向人民法院提起诉讼，要求甲支付赡养费。子女能以父母的婚姻关系变化为由，拒绝对父母的赡养义务吗？

• **结论**

甲不能干涉父亲的婚姻自主权，不能拒绝履行对父亲的赡养义务。

• **分析**

婚姻自由不仅包括子女结婚自由、离婚自由，也包括父母的离婚、再婚自由。子女应当尊重父母的婚姻权利，不得干涉父母离婚、再婚以及婚后的生活。同时，子女对父母的赡养义务，是无条件的，不因父母的婚姻关系变化而终止。本案中，儿子甲以父亲乙再婚为由拒绝履行赡养义务，既违反《民法典》关于子女对父母赡养义务的规定，又干涉父母婚姻自由，是错误的。

法律依据

《民法典》第一千零六十九条 子女应当尊重父母的婚姻权利，不得干涉父母离婚、再婚以及婚后的生活。子女对父母的赡养义务，不因父母的婚姻关系变化而终止。

23. 丈夫被宣告失踪，妻子能代管丈夫对其父亲遗产应继承的份额吗？

- **案例**

甲早年丧母，有妻子和一兄一弟。一日甲因故与其父发生争吵，甲离家出走后下落不明。2 年后人民法院根据甲兄的申请，按法定程序宣告甲失踪。甲被宣告失踪后 1 年，其父抑郁而死，留有遗产。因甲被宣告失踪，甲兄和甲弟平分了其父留下的遗产。甲妻主张甲虽然被宣告失踪，但甲仍然享有对其父亲的遗产继承权，甲的继承份额应由甲的妻子代管。但她的主张遭到甲兄、甲弟的拒绝。丈夫被宣告失踪，妻子能代管丈夫对其父亲遗产应继承的份额吗？

- **结论**

甲的妻子可以被宣告失踪人的财产代管人的身份，代管甲从其父亲的遗产中继承的份额；甲的兄、弟应当从被他俩平分的遗产中再分出甲享有继承权的份额交由甲妻代为管理。

• **分析**

父母和子女之间相互继承的权利是家庭成员之间基于特定人身关系而享有的财产权利之一。本案中，甲虽在其父死亡前已被宣告失踪，但未被宣告死亡，因此在其父死亡时，甲应当被认定为生存之人，具有继承能力，有权继承其父亲的遗产。所以，此时享有继承权的继承人应该是甲与其兄、弟三人，而不是甲的兄、弟二人。但在遗产分割时，甲被宣告失踪不能亲自行使继承权。法律为失踪人设置了“财产代管人”制度，即失踪人的财产由其配偶、成年子女、父母或者其他愿意担任财产代管人的人代管。主张或接受继承是财产代管人履行代管职责的方式之一，何况该财产是甲与其妻子婚姻关系存续期间通过继承获得的共同财产，甲妻从自己的角度或从丈夫的角度都应积极主张。据此，甲妻以财产代管人的身份取得对甲应继承份额遗产并代为管理，是合法的。

法律依据

《民法典》第四十二条 失踪人的财产由其配偶、成年子女、父母或者其他愿意担任财产代管人的人代管。

《民法典》第一千零七十条 父母和子女有相互继承遗产的权利。

24. 可以要求不直接抚养的一方一次性支付未成年非婚生子女的抚养费?

• 案例

万女士与李某相识，后同居生活并怀孕。同居一年后万某出生。李某与万女士分手时签订了一份抚养协议：万某由万女士抚养；李某每月支付抚养费，其中生活费每月1500元，教育费按学校实收支付，直到万某18周岁。但协议履行2年后，李某就无故拖欠的抚养费。万女士多次找到李某协商，李某以“万某是不是自己的孩子还不一定”“万某所要求的抚育费过高，与当地消费水准不相符合”等理由拒绝支付。为此，万女士以万某法定代理人的身份诉至法院，请求被告李某一次性支付剩余16年的抚养费近30万元。李某应该按万女士要求给付非婚生子女的抚养费吗?

• 结论

李某作为父亲应当给付由生母直接抚养的万某的非婚生子女生活费，至于支付多少和如何支付则视实际情况而定。

• 分析

生父母应当抚养、教育、保护未成年的非婚生子女，包括支付抚养费。这一义务是法定的、无条件的，即使生父母未能结合在一起，也不能免除其对非婚生子女的抚养义务。当非婚生子女被生父或生母一方直接抚养，而不直接抚养的另一方应当依法或依约定给付抚养费，从而保障非婚生子女的生活所需以及健康成长。本案中，李某认为“万某是不是自己的孩子还不一定”，并以此为由拒付生活费，对此，李某可依据《民法典》第一千零七十三条规定，请求人民法院“确认或者否认亲子关系”。如果经鉴定确认万某系李某与万女士的非婚生孩子，那么李某与万女士均对万某有抚养的权利和义务。因当时万某尚不足2岁，他们约定由万女士直接抚养、李某给付生活费，这是合理的。这一约定对双方具有约束力。李某以抚养费超过当地实际消费水平而拒绝支付抚养费的行为，应当从两个方面看，其一，应当补缴拖欠的抚养费；其二，如果他们约定的每月1500元的生活费确实高于当地的实际生活水平，则可以根据被告的收入情况和当地的实际生活水平，依法或依约适当减少每月支付给万某的抚养费。对于万女士要求李某一次性支付至万某18周岁的剩余抚养费之请求，则要看李某有没有支付能力。

法律依据

《民法典》第一千零七十一条 非婚生子女享有与婚生子女同等的权利，任何组织或者个人不得加以危害和歧视。

不直接抚养非婚生子女的生父或者生母，应当负担未成年子女或者不能独立生活的成年子女的抚养费。

《民法典》第一千零七十三条 对亲子关系有异议且有正当理由的，父或者母可以向人民法院提起诉讼，请求确认或者否认亲子关系。

25. 对继母尽了赡养义务的成年继子女，可以继承继母的遗产吗？

· 案例

老人张某，所育三子均已成年。张某在老伴去世后与李某结婚安度晚年。张某、李某结婚 10 年后，张某去世，留下婚内所购的一套房产。张家三子对待李某视同生母赡养如初，3 年后，李某去世。李某在与张某婚前有一养子郑某，李某去世后，郑某要求继承养母李某的全部遗产，其中包括张某所购房屋。郑某基于未成年人被收养可以有继承权，那么尽了赡养义务的张家三子可不可以以继子女的身份享有继承权呢？

· 结论

张家三个儿子对继母李某尽到了赡养义务，依法应当享有对李某与张某夫妻共同财产中的属于李某遗产的继承权。

· 分析

继父母与继子女之间的权利与义务关系适用常规父母子女之间权利义务关系的规定，其前提是抚养、赡养关系的确立。父母和子女之间有相互继承遗产的权利，相应地，继子女可以继承继父母的遗产。本案中，老人张某再婚以后，张家三子对待继母李某视同生母尽心照顾，尽到了赡养义务，应当确认他们之间存在赡养关系，张家三子享有对继母李某的遗产合法继承的权利。而且张家三个儿子尽到了主要赡养义务，因此就李某与张某共同生活期间的李某遗产进行分割时，张家三子应比作为养子的郑某适当多分。

法律依据

《民法典》第一千零七十条 父母和子女有相互继承遗产的权利。

《民法典》第一千零七十二条 继父或者继母和受其抚养教育的继子女间的权利义务关系，适用本法关于父母子女关系的规定。

26. 对亲子关系有异议的成年子女可以提起诉讼，请求否认亲子关系吗？

- **案例**

小李今年 20 岁，在学校义务献血时发现自己的血型与父母的血型都不一样，又因为父母从小对自己都很冷淡而且漠不关心，小李认为自己可能并非亲生，想做亲子鉴定验明正身，通过法院以划清与“父母”的关系。他可以向法院提起诉讼，请求否认亲子关系吗？

- **结论**

小李无权请求人民法院否认亲子关系。

- **分析**

确认亲子关系存在或不存在，对夫妻双方和子女都具有重要意义。对夫妻而言，经确认不存在亲子关系的，男方不需要承担抚养义务；对子女而言，知悉自己真实的出身和血缘关系，对自己的人格发展具有重要意义。夫妻一方对亲子关系有异议且有正当理由的，可以向法院提起亲子关系确认或否认之诉，以明确亲子的血缘关系，保障当事人的正当权益，使应尽义务的人不致逃避责任，实现法律的公正。但是，亲子关系确认之诉的主体是夫妻一方或者是成年子女，而对亲子关系否认之诉的主体只能是夫妻一方，即使是成年子女也不得提起否认亲子关系之诉。这是对父母子女关系的维护和家庭伦理的尊重。本案中，小李20岁，已经成年，可以对有异议的亲子关系提起异议之诉。但无论小李提起诉讼的理由是否充分，就诉讼请求的内容——否认亲子关系之诉来说，是不符合法律规定的，所以小李不能向法院提起诉讼请求否认亲子关系。

法律依据

《民法典》第一千零七十三条 对亲子关系有异议且有正当理由的，父或者母可以向人民法院提起诉讼，请求确认或者否认亲子关系。

对亲子关系有异议且有正当理由的，成年子女可以向人民法院提起诉讼，请求确认亲子关系。

27. 祖父母、外祖父母有义务抚养未成年的孙子女、外孙子女吗？

- **案例**

57 岁的林某夫妇在某镇街头经营餐饮小吃，收入较高。林某夫妇的女儿外嫁他乡，生有一女，现年 7 岁。不久前，林某夫妇的女儿和女婿在同一起意外事故中不幸丧生，其女婿的父母也均不在人世了。最近，街道居委会找到林某夫妇，要求他们承担对外孙女的抚养教育义务。林某夫妇觉得跟女儿感情疏远，与外孙女也没有见过几次面，不想惹这个麻烦。在法律上林某夫妇是否有义务抚养外孙女呢？

- **结论**

林某夫妇有抚养教育未成年的外孙女的法律义务。

分析

祖孙之间一般不直接产生抚养义务，而负担此义务是有条件的：（1）祖父母、外祖父母有抚养能力，即教育保护未成年孙子女、外孙子女的精力、健康状况和经济条件。（2）孙子女或外孙子女未成年。（3）孙子女或外孙子女的父母已经死亡或无力抚养未成年的孙子女或外孙子女。显然立法确立特定条件下产生祖孙之间的抚养义务，既是考虑保护未成年人和老年人权益，又是在家庭中弘扬相互尊重、关爱的文明风尚。

本案中，虽然林某夫妇与外孙女的关系疏远，但是其女儿、女婿已经死亡，女婿的父母也早逝，作为外祖父母的林某夫妇就是外孙女的第一顺序监护人了。从案情看，林某夫妇57岁，还能经营餐饮生意，应该身体健康，经济条件较好，有抚养照顾外孙女的实际能力。因此，他们应当依法承担起抚养教育的义务。

法律依据

《民法典》第一千零七十四条 有负担能力的祖父母、外祖父母，对于父母已经死亡或者父母无力抚养的未成年孙子女、外孙子女，有抚养的义务。

28. 成年兄姐，有义务抚养未成年的弟妹吗？

• 案例

高女士的父母已经退休，每月2600余元退休金，尚有部分存款，生活清净，老有所养。他们育有女儿高女士和儿子高小力。高女士已经成家并育有一女。高小力在读初中。高女士父母认为自己辛苦供高女士读书，培养成公务员，收入可观，而自己靠较少的退休金过日子，难以抚养尚未成年的高小力，高女士对高小力有扶养的能力和义务。于是老两口要求高女士扶养高小力。高女士不同意，认为自己也有一个孩子，自己的负担能力有限。高女士能拒绝对其尚未成年的弟弟的扶养义务吗？

• 结论

高女士对其尚未成年的弟弟没有扶养的义务。

• 分析

现实生活中确实存在着"父母死亡或无力抚养未成年人"的情况。对此，如果有负担能力的兄姐，承担起父母已经死亡或者父母无力抚养的未成年弟妹的扶养重担，则有利于家庭成员之间相互帮助，保护未成年人权益，营造良好家风。但兄姐扶养弟妹的义务是有条件的：（1）兄姐已经成年，且有负担扶养弟妹的经济能力和教育能力；（2）父母已经死亡或父母无力抚养；（3）弟妹未成年。这也在一定程度上保护着成年兄姐的权益，避免他们承担可以不由其承担的义务，因为义务毕竟是一种可能会产生法律责任后果的负担，而纯粹为帮助父母抚养未成年弟妹的赠与行为，则不会产生对自己不利的法律后果。本案中，高小力是未成年人，父母虽退休，但其仍有退休金和积蓄，并非“无力抚养未成年子女”。因此，高女士在法律上没有扶养其弟弟的义务，高小力的抚养义务由父母来承担。当然，高女士可以根据自己的经济状况决定是否给予一定的帮助。

法律依据

《民法典》第一千零七十五条 有负担能力的兄、姐，对于父母已经死亡或者父母无力抚养的未成年弟、妹，有扶养的义务。

第三章　离　婚

29. 协议离婚过程中被告知“离婚冷静期”后，如何继续离婚？

• 案例

张某与李某系高中同学并恋爱，高中毕业后自主创业，生意较好，4 年后结婚，育有一儿一女，家庭可谓和美幸福。不料，某日，女方李某发现男方婚内出轨，两人遂多次争吵打架，严重影响子女、家庭生活和生意经营。现在双方协议离婚，商量好子女抚养、家庭财产分割、企业经营、债务负担等事项，并到当地民政部门提交双方签字的离婚协议，申请离婚登记。当地民政部门并未审核双方申请和相关材料，而是告知双方 30 日内冷静想想，慎重离婚。离婚心切的女方李某感到诧异，完整的离婚程序是怎样的呢？

• 结论

李某应经过 30 天“离婚冷静期”满后再申领离婚证，才能解除与张某的婚姻关系。

• **分析**

为防止婚姻双方草率离婚，《民法典》第一千零七十七条规定了“离婚冷静期制度”，即自婚姻登记机关收到离婚登记申请之日起30日内，任何一方不愿意离婚的，可以向婚姻登记机关撤回离婚登记申请。一旦男、女任何一方在这30日内行使“离婚登记”撤销程序，就产生没有协议离婚登记，不存在注销结婚登记事项。如果在这可撤回离婚登记30日期限内任何一方都没有撤回的，在接下来的30日内，双方还要亲自到婚姻登记机关申请发给离婚证；未申请的，视为撤回离婚登记申请。本案中，双方达成离婚协议，只是婚姻关系当事人双方就离婚的私人事项达成意思表示一致，提交民政部门并非就自动产生解除婚姻关系的法律效果。经过民政部门的审查、30天的离婚冷静期、“离婚冷静期”内有无撤销离婚登记、30天冷静期满后再申领离婚证等环节，民政部门办理注销结婚登记，发给离婚证书后，才算离婚。

法律依据

《民法典》第一千零七十七条 自婚姻登记机关收到离婚登记申请之日起三十日内，任何一方不愿意离婚的，可以向婚姻登记机关撤回离婚登记申请。

前款规定期限届满后三十日内，双方应当亲自到婚姻登记机关申请发给离婚证；未申请的，视为撤回离婚登记申请。

30. 因网恋“闪婚”又“闪离”的，法院允许吗？

• 案例

原告高某女与被告宋某男系网友，于某年 3 月 22 日第一次见面正式相识后，双方于同年 4 月 10 日办理结婚登记手续。由于双方相识时间短，了解不够，结婚登记后不久就因双方性格不合分居了，其间偶有微信联系。婚姻关系期间，无子女。同年 9 月 28 日，原告高某女因想从婚姻中解脱出来，以夫妻感情确已破裂为由诉至该院，诉请法院判决离婚。宋某男认为双方感情尚未破裂，属于磨合期中，不同意离婚。庭审中，经调解，原告坚持离婚。法院允许“闪婚”又“闪离”吗？

• 结论

法院应以双方感情是否确已破裂为据而判决是否准予双方离婚，与“闪婚”“闪离”无直接关系。

• 分析

诉讼离婚的判决实质标准是“感情是否确已破裂”，而“感情确已破裂”是人的内心感受，他人无法知晓，只能通过外在表征予以判断。如：重婚或者与他人同居；实施家庭暴力或者虐待、遗弃家庭成员；有赌博、吸毒等恶习屡教不改；因感情不和分居满2年，等等。本案当事人双方似乎不存在判断“感情确已破裂”的典型情形，但综合地看，本案符合“感情确已破裂”的标准，理由如下：其一，双方网恋，相识十几天就匆匆结婚，在如此短的时间内，双方很难做到完全了解对方并相互适应对方的性格和生活习惯等，婚姻的感情基础十分不稳固；其二，婚后不久即分居，也表明了两者之间缺乏情感沟通；其三，经法院调解夫妻关系仍未缓和。这属于《民法典》第一千零七十九条规定的“感情是否破裂”的“（五）其他导致夫妻感情破裂的情形”，因此，法院经过调解无效的，应当允许他们离婚。

法律依据

《民法典》第一千零七十九条 有下列情形之一，调解无效的，应当准予离婚：

（一）重婚或者与他人同居；

（二）实施家庭暴力或者虐待、遗弃家庭成员；

（三）有赌博、吸毒等恶习屡教不改；

（四）因感情不和分居满二年；

（五）其他导致夫妻感情破裂的情形。

31. 怀孕的妻子一吵架就回娘家告状，男方可以提出离婚吗？

• 案例

盛某与刘某系网恋，且一见钟情，半年后两人便结婚。婚后，两人生活较为平静和睦。不久后，刘某就怀孕了。不知道是怀孕反应还是原本两人性格不合，两人因任何言语或行动都可能产生矛盾、冲突，而且每次吵架，女方就跑回娘家告状且不回家。男方难以忍受这种性格和处世方式，便提出离婚。女方怀孕期间，男方能提出离婚吗？

• 结论

男方不可以提出离婚。

• 分析

女方在怀孕期间、分娩后一年内或者终止妊娠后6个月内，妇女的身心都处于比较虚弱的状态，如果在此期间内男方提出离婚，对女方的身心健康和胎儿、婴儿的健康都将产生极为不利的影响。本案中，女方正是怀孕期间，且男方提出离婚的理由只是“女方吵架后喜欢回娘家告状”，并不是《民法典》所规定的“人民法院认为确有必要受理男方离婚请求的情形”。当然，夫妻感情应当共同培养和维护，提倡和创建和谐的家庭氛围，即使有纠纷、分歧，也应多沟通、多包容、多体谅。本案男方不得提出离婚，是对女性和胎儿权利的保护，也是对轻率离婚的限制。

法律依据

《民法典》第一千零八十二条 女方在怀孕期间、分娩后一年内或者终止妊娠后六个月内，男方不得提出离婚。

32. 分娩后不到一年，女方提出离婚，孩子由谁抚养？

• 案例

张某（男）与蔡某（女），网恋1年，于某年五一期间双方见面后闪婚。小家庭条件尚可，有房一套，有车一辆，感情较好，婚后半年妻子怀孕。婚后遇到拆迁，获回迁房2套，获得补偿款20万。不久妻子发现丈夫喜欢赌博，甚至夜不归宿，夫妻为此多次争吵。在怀孕期间，妻子起诉离婚。法院认为双方可多沟通，批评丈夫，勒令其改正错误，关爱妻子。丈夫道歉后，妻子出于为未出世的孩子考虑原谅了对方。但在女方分娩后、孩子哺乳期间，男方继续赌博，女方再次提出离婚。男方认为自己家庭条件好，而且孩子是男孩，同意离婚，但儿子得留下，不需要女方抚养。男方的意见能获得法律支持吗？

• 结论

尚不足2周岁的男婴应由母亲直接抚养，男方支付抚养费。

• 分析

离婚时子女由哪一方抚养一般以有利于孩子成长为原则，是否有利于子女健康成长，主要看子女对哪一方更有生活依赖、感情依赖、子女更愿意听从哪一方意见、双方是否有不利于子女健康成长的陋习等因素予以综合判断，而不是子女性别，也不是财产多少。本案中，男婴尚在哺乳期内，由男方直接抚养，不便于孩子生存、成长，更令人担忧的是男方好赌陋习未改，是否有能力、有时间、有感情照顾尚在哺乳期内的婴儿以及今后长大的孩子的教育，并不确定。

法律依据

《民法典》第一千零八十四条 父母与子女间的关系，不因父母离婚而消除。离婚后，子女无论由父或者母直接抚养，仍是父母双方的子女。

离婚后，父母对于子女仍有抚养、教育、保护的权利和义务。

离婚后，不满两周岁的子女，以由母亲直接抚养为原则。

33. 离婚时由某一方抚养的子女以后就一直由其抚养、教育吗?

• 案例

宋某某与花某某经人介绍于某年5月1日登记结婚,婚后生育长女宋琳琳(化名)和次女宋佳佳(化名)。后来宋某某与花某某因感情不和一直分居,宋某某3年内先后2次起诉离婚,法院经审理调解无效,最终同意判决离婚,双方对财产分割无争议。根据子女和原、被告本人及其家庭实际情况,法院判决已读一年级的长女宋琳琳由宋某某抚养,次女年幼(4岁)由花某某抚养。那么,今后这两子女就只能分别由父或母分别抚养,天各一方吗?

• 结论

两子女由父或母分别抚养,但不影响父、母对其非直接抚养女儿的探望,不影响女儿今后决定同谁生活的自主选择,更不影响非直接抚养人向直接抚养人给付抚养费,甚至必要时,直接抚养人向非直接抚养人提出增加给付抚养费约定数额的要求。

• 分析

离婚时,男女双方就子女抚养问题协商不成的,法院根据子女对父或母的感情、生活依赖程度、个人工作负担等实际情况,判决子女分别或全部由一方或双方抚养,另一方给付部分或全部抚养费。但判决时子女已达8周岁,该子女可以自己选择由父或母直接抚养;判决时,子女未达8周岁的,待其达到8周岁后,该子女还可以选择由谁直接抚养，当然变更直接抚养人后，另一方应依法或依约给付抚养费，探望权随之转移。本案中，虽然长女、次女暂时由父、母分别单方面直接抚养，但不影响宋某某探望次女的权利并向花某某给付次女抚养费，也不影响花某某探望长女的权利并向宋某某给付长女的抚养费。甚至，长女、次女达到8周岁以后，她们可以自己选择随哪一方生活，另一方给付抚养费，同时探望权倒转。所以，并不是离婚时子女由某一方抚养后，该子女就一直由这一方抚养、教育。

法律依据

《民法典》第一千零八十四条 离婚后，子女无论由父或者母直接抚养，仍是父母双方的子女。

离婚后，不满两周岁的子女，以由母亲直接抚养为原则。已满两周岁的子女，父母双方对抚养问题协议不成的，由人民法院根据双方的具体情况，按照最有利于未成年子女的原则判决。子女已满八周岁的，应当尊重其真实意愿。

《民法典》第一千零八十五条 离婚后，子女由一方直接抚养的，另一方应当负担部分或者全部抚养费。

《民法典》第一千零八十六条 离婚后，不直接抚养子女的父或者母，有探望子女的权利，另一方有协助的义务。

34. 离婚后，回娘家居住的一方原承包的土地经营权益可以由发包方的集体经济组织收回吗？

• 案例

孙某某（女）嫁到某县城近郊的李村后，由李村村委会分给承包地1.5亩，双方签订了土地承包合同。后孙某某因双方感情不和与丈夫离婚，搬回娘家居住。李村村委会以孙某某已经离婚且已不在本村居住为由，口头通知孙某某其所承包的1.5亩土地已被村里收回。孙某某多次同村里交涉，并证明她并没有在娘家村取得新的承包地，要求继续承包李村的土地，遭村委会拒绝。离婚后，回娘家居住的一方原承包的土地经营权益可以由发包方的集体经济组织收回吗？

• 结论

作为发包方的李村村委会不可以收回离婚后回娘家居住的孙某某原承包的土地经营权。

• 分析

家庭土地承包经营权作为农村生活保障底线，不能以不是该土地所属的集体经济组织成员而收回原承包人的经营权。离婚案件中家庭土地承包经营权益作为夫妻共同财产，不能仅仅视该方在离婚中是否有过错，而应当本着有利于保护离婚双方的土地承包权益和集体土地安全、经济可持续发展的原则，确定归属、确定承包和耕作、流转方式。相关法律也规定，妇女离婚或者丧偶，仍在原居住地生活或者不在原居住地生活但在新居住地未取得承包地的，发包方不得收回其原承包地。本案中，孙某某在与其丈夫离婚后，尽管已回到其娘家所在的村居住，但在新的居住地并没有取得新的承包地，因此应继续承包其原承包地；李村村委会以孙某某离婚并回娘家居住为由将其1.5亩承包地收回，违反了法律规定。当然，离婚后仍然享有原承包土地经营权的孙某某可以就该土地经营和耕作方式与前夫家庭、与村集体协商，既维护了孙某某的承包经营权益，又有利于该土地所属的村集体的利益。

法律依据

《民法典》第一千零八十七条 离婚时，夫妻的共同财产由双方协议处理；协议不成的，由人民法院根据财产的具体情况，按照照顾子女、女方和无过错方权益的原则判决。

对夫或者妻在家庭土地承包经营中享有的权益等，应当依法予以保护。

35. 因家暴导致离婚的，受家暴的一方能主张损害赔偿吗？

• 案例

教师方某与酒店经理翟某某经人介绍相识，于某年 10 月结婚。不料，婚后 3 年的某段时间，翟某某经常夜不归宿，方老师经常半夜电话催促。翟某某认为这是妻子对自己的不信任和对其工作不支持。两人由争吵到摔家具，再到动手打人，翟某某多次扇方老师耳光，使方老师无法出门或进行课堂教学。方老师认为，家暴严重摧残自己的身心健康，影响自己的工作。经过半年的多方劝解，翟某某仍无改观，方老师提出离婚，并认为翟某某家暴是导致婚姻关系破裂的根本原因，给自己造成严重精神伤害，要求翟某某给付离婚损害赔偿。方老师以受家暴离婚为由可以主张离婚损害赔偿吗？

• 结论

受家暴的方老师可以主张离婚损害赔偿。

• 分析

离婚损害赔偿是指夫妻双方出现法定事由或约定事由导致离婚，没有过错的一方可以向有过错的一方提出损害赔偿。无过错的一方可以请求也可以不请求离婚损害赔偿金。显然，损害赔偿金是有过错的一方向另一方单方面支付的赔偿金，具有补偿和惩罚的性质。本案中，丈夫经常夜不归宿，被催促就对妻子长期实施家暴，严重侵害妻子婚姻幸福感和身心健康，是导致离婚的主要原因。妻子方某在离婚成因中是无过错方。因此，离婚时妻子方老师可以依法向丈夫翟某某主张离婚损害赔偿，如家暴引起的身体、精神受到伤害而产生的医疗费、误工费、残疾者生活补助费、精神损失赔偿费，等等。

法律依据

《民法典》第一千零九十一条 有下列情形之一，导致离婚的，无过错方有权请求损害赔偿：

（一）重婚；

（二）与他人同居；

（三）实施家庭暴力；

（四）虐待、遗弃家庭成员；

（五）有其他重大过错。

36. 婚内一方与他人同居导致离婚的，另一方可以请求离婚损害赔偿吗？

- **案例**

陶某某（男）盛某（女）自由恋爱，登记结婚，育有一子陶小某。婚后3年陶某某、盛某因性格不合开始分居并持续达2年多。

陶小某自双方分居后跟随盛某生活。盛某称陶某某在双方分居期间认识了其他女性，并已与其一起生活，陶某某承认曾有此事。盛某诉至法院要求与陶某某离婚；婚生子陶小某由盛某抚养，陶某某每月支付抚育费 2000 元，至孩子满 18 周岁为止；陶某某支付盛某精神损害赔偿金 5 万元；属于双方共有财产的位于某城市商品房一套归盛某，某品牌小车归陶某某，等等。法院会支持盛某关于要求陶某某支付离婚损害赔偿的诉讼请求吗？

- **结论**

法院应当支持盛某关于要求陶某某支付离婚损害赔偿金的诉讼请求。

- **分析**

夫妻感情是维系婚姻关系的基础，本案中，陶某某与盛某双方持续分居已达 2 年之久且分居期间（也是婚姻关系存续期间）陶某某又与他人非法同居，应当认为双方夫妻感情确已破裂、无和好可能，准予离婚。需要进一步分析的是，夫妻之间应当互相忠实，互相尊重，以维护平等、和睦、文明的婚姻家庭关系。本案中，虽然陶某某与盛某因性格不合已分居，可能感情已经破裂，此时即使离婚，双方均无过错。而陶某某在双方婚姻关系存续期间却与其他女性非法同居，在导致双方感情破裂问题上，陶某某具有过错，盛某可据此要求陶某某承担精神损害赔偿，应当得到法院支持，至于具体数额，可由法院酌定。

法律依据

《民法典》第一千零九十一条 有下列情形之一，导致离婚的，无过错方有权请求损害赔偿：

（一）重婚；

（二）与他人同居；

（三）实施家庭暴力；

（四）虐待、遗弃家庭成员；

（五）有其他重大过错。

37. 离婚后，非直接抚养人可以不用向已经上大学的子女给付抚养费了吗？

• 案例

汪、刘夫妻系某镇居民，丈夫汪某某经营早点生意，年收入近 6 万，妻子在镇上某服装店打工，年收入近 2 万。在孩子中学的 6 年间，母亲陪读，照顾儿子生活起居，16 岁的儿子终于考上某一本大学。但高考后丈夫提出协议离婚，孩子怕母亲离婚后孤独，选择与母亲共同生活。母亲并没有供孩子上大学的经济能力，要求丈夫支付。但丈夫认为孩子高中毕业了，自己可以不给付教育费了。而且这个上大学的孩子又不跟自己过，所以，不想给付生活费、大学教育费等。那么,孩子上大学了,离婚后非直接抚养人能不给付抚养费吗?

- **结论**

丈夫汪某某因为离婚和儿子已上大学就不给付抚养费是错误的。

- **分析**

父母子女关系并不因为父母离婚而消除,离婚后父母仍有抚养、教育、保护未成年人的义务。这里的抚养包括非直接抚养的一方向另一方负担部分或者全部生活费、教育费等费用。本案中,尽管这时汪某某的儿子16岁。已经上大学,但他还是未成年人,而且因上大学,一般无暇依靠自己的劳动获得生活资料,仍然需要抚养人支持。因此,汪某某还应该给付其儿子16—18周岁的未成年期间的生活费。另外,儿子16—18周岁大学期间可以要求父母任何一方超过协议或者判决原定数额给付生活费,因为,这阶段的生活费用比高中阶段高,城市的生活费标准相比农村地区高。至于儿子大学阶段的学费和18周岁之后的生活费,是否给付,具体支付标准和期限、方式,可以由汪某某与刘某协商。汪某某可以给,也可以不给,因为,法律上所说的未成年人的“教育费”,主要是“高中阶段及以下阶段教育的费用”。

法律依据

《民法典》第一千零八十五条 离婚后，子女由一方直接抚养的，另一方应当负担部分或者全部抚养费。负担费用的多少和期限的长短，由双方协议；协议不成的，由人民法院判决。

前款规定的协议或者判决，不妨碍子女在必要时向父母任何一方提出超过协议或者判决原定数额的合理要求。

38. 离婚分割财产时，“小产权房”如何处理?

- **案例**

朱某某（男）与夏某某（女）系教师夫妻，共同居住在学校集资的“小产权房”，生活 10 年。按说两人都是教师，同一个单位，志趣相投，共同生活，共同进步，既利于工作又利于生活，幸福甜蜜，但苦于两人性格不合，10 年都难以磨合，双方协议离婚。就家庭财产中的这套小产权房（10 年前集资 6 万）和一辆东风标致 4008SUV（时值 12 万）进行分割，朱某某提出：房子归夏某某，车子归自己，各取其一，两两相抵，互不补退款额，因为房子会增值，车子会贬值。这样建议合理吗?

- **结论**

这样的分割并非均分，不合理。首先，关于夫妻共同财产的分割应当是他们取得了所有权的财产才能分割。其次，夫妻财产分割的数额或价值应当是分割时的价值，而不是未来的升值或贬值趋势。

- **分析**

本案中，车子时值 12 万，是他们的共同财产；而房子是“小产权房”，产权并不是他们夫妻的，他们仅具有使用权，因此，不能分割该“小产权房”，只能将该房协议给某一方居住或退还给学校提取曾集资的那 6 万元现金。这样，可以分割的价值是车子的 12 万元和房子集资款 6 万元，每人均值应为 9 万元。结合财产归属来讲，朱某某获得车子所有权，但应给付夏某某车子 6 万元（车子的时值的一半）；夏某某获得房屋的使用权，但应给付朱某某 3 万元（房屋集资款的一半）。这样分割下来，朱老师在获得车子的所有权并丧失房子的使用权后，还给付夏某某 3 万元。可见，并不是他们原来协议的各取其一，两两相抵，互不补退款额。

法律依据

《民法典》第一千零六十二条 夫妻在婚姻关系存续期间所得的下列财产，为夫妻的共同财产，归夫妻共同所有：

……

（五）其他应当归共同所有的财产。

夫妻对共同财产，有平等的处理权。

39. 离婚时，一方信用卡上的债务如何偿还？

• 案例

李某某与罗某夫妻共同生活 12 年，育有 1 子，孩子现在一所寄宿制学校读书。李某某与罗某协议离婚，而在共同生活期间，李某某用其持有的信用卡套取了 18000 元的现金，财产分割时，双方就偿还方式出现争议。李某某称这笔钱用于孩子入学，实际上这笔钱用于偿还李某某个人近三个月购买彩票的欠款和赌债 13000 元，仅 5000 元用于子女入学费用。现在由于双方进入离婚程序，双方都不愿意承担信用卡上这 18000 元的债务。这 18000 元的债务究竟如何承担？

• 结论

这笔钱分两个部分，其中用于偿还李某某购买彩票、赌博的 13000 元属于李某某个人债务，应由李某某用其个人财产来偿还；其中用于子女学费的 5000 元属于夫妻共同债务，应由夫妻共同财产偿还此债，共同财产偿还不足的，再由个人财产补足。

• 分析

夫妻为共同生活或为履行抚养、赡养义务等所负债务，应认定为夫妻共同债务，离婚时应当以夫妻共同财产清偿。本案中，这笔债务应该由谁承担，首先必须对信用卡上这笔债务的性质进行判断。这笔债务虽然整体以子女学费的名义借入，但被李某某单方面“添加”了超出夫妻共同借债的“内容”——“子女入学”+“偿还购买彩票、赌博债务”。显然这里“用于子女入学费用的5000元债务”，是在其夫妻关系存续期间，为履约对“子女的抚养、教育”等共同义务而承担的债务，所以属于夫妻共同债务，应该由夫妻共同财产进行偿还。对于李某某超出借债共同意思表示的“用于偿还个人购买彩票、赌债的13000元的债务”是李某某单方面的意思表示和债务负担，且其盈亏均不用于共同生活，依据《民法典》第一千零六十四条的规定，属于李某某个人债务，应由其个人财产承担。

法律依据

《民法典》第一千零六十四条 夫妻双方共同签名或者夫妻一方事后追认等共同意思表示所负的债务，以及夫妻一方在婚姻关系存续期间以个人名义为家庭日常生活需要所负的债务，属于夫妻共同债务。

夫妻一方在婚姻关系存续期间以个人名义超出家庭日常生活需要所负的债务，不属于夫妻共同债务；但是，债权人能够证明该债务用于夫妻共同生活、共同生产经营或者基于夫妻双方共同意思表示的除外。

《民法典》第一千零八十九条 离婚时，夫妻共同债务应当共同偿还，共同财产不足清偿或者财产归各自所有的，由双方协议清偿；协议不成的，由人民法院判决。

40. 离婚时，离婚经济帮助费与离婚损害赔偿费，能抵销吗？

• **案例**

张某某与王某某结婚多年，勤劳致富，勤俭持家，在县城购房一套，解放牌大货车一挂，供丈夫跑长途货运，育有一男孩。不料，丈夫后来染上赌博陋习，屡劝无效。为此，双方经常吵架，影响双方感情和孩子读书学习。某年 6 月的一天，因疲劳驾驶出车祸，丈夫身残，不能再驾驶大货车，但赌瘾更重。后来，妻子提出离婚，分割财产时，妻子要求 5 万元离婚损害赔偿费。丈夫提出自己因车祸导致残疾，劳动能力下降，生活困难，希望女方给付 5 万元经济帮助费，两两相抵，家庭财产还是均分。妻子主张的离婚损害赔偿费能与丈夫主张的离婚经济帮助费相互抵销吗？

• **结论**

离婚损害赔偿费与离婚经济帮助费两者不可以抵销。

• **分析**

离婚损害赔偿费与离婚经济帮助费两者的性质和担负责任财产来源不同，所以在离婚财产分割时应分别计算分别分割。前者系法定的单方面过错原因导致离婚而应当承担的损害赔偿金，具有惩罚性。其一，它是从有过错的一方个人财产中给付无过错的一方，体现的是“有利于无过错的一方”的分割原则；而后者是基于夫妻一方离婚后确有生活困难，在另一方有能力帮助的前提下，另一方应当给与帮助，其要件是一方确实生活困难。其二，另一方有能力帮助。其三，协商解决要不要帮助、如何帮助、帮多少。一般是财产分割时，从共同财产中提出一部分给生活困难者。本案中，基于丈夫好赌屡劝无效而致离婚，属于《民法典》第一千零九十一条规定导致离婚的“重大过错”，妻子“有权请求损害赔偿”。这个赔偿金应该是由丈夫个人财产来承担，不是从夫妻共同财产中给付，不存在平均分配。而就丈夫提出的经济帮助是需要自己确实“生活困难”、需要对方“有能力”帮助这两个前提的，在程序上应双方协商或法院认定和决定，确实需要帮助的话，一般是从共同财产中分割出一定数额出来单方面给需要帮助的丈夫。剩下的是共同财产，由夫妻双方均分。显然，上述损害赔尝费与经济帮助费来源不同，不能相互抵销。

法律依据

《民法典》第一千零九十条 离婚时，如果一方生活困难，有负担能力的另一方应当给予适当帮助。具体办法由双方协议；协议不成的，由人民法院判决。

《民法典》第一千零九十一条 有下列情形之一，导致离婚的，无过错方有权请求损害赔偿：

（一）重婚；

（二）与他人同居；

（三）实施家庭暴力；

（四）虐待、遗弃家庭成员；

（五）有其他重大过错。

41. 照顾 2 个小孩、2 位老人的居家妻子能不能请求离婚补偿呢？

• **案例**

小方与小常双方依法登记结婚，婚后育有一女一子。丈夫小方常年外出经营建材生意，收入可观，在老家有住房一套、在苏州有商品房一套、店面资产 60 余万元，存款 100 万。妻子小常常年在家抚养 2 个孩子，照顾 2 位老人，这在一定程度上也协助了丈夫专心经营生意。不料几年后双方闹离婚，在财产分割事项上，妻子小常提出，自己长期在家照顾 2 个小孩和 2 位老人，而且自己身体不太好，要求丈夫一次性支付自己经济补偿金 20 万。丈夫认为，现有家产主要是自己创业所挣，均分就已经考虑了妻子这些年对孩子、老人的抚养照顾了。那么，妻子能不能要求离婚经济补偿呢？

• **结论**

妻子可以提出离婚经济补偿。

• **分析**

夫妻一方在抚育子女、照料老人、协助另一方工作等负担较多义务，就是为婚姻共同体和家庭发展、建设尽了较多义务，因此离婚时向对方请求经济补偿是合法合理的。本案中，妻子小常长期在家照顾 2 个小孩和 2 位老人，才能使丈夫安心经营生意，也协助了丈夫创业，所以她在家庭共同体中尽了“更多义务”，可以在均分共同财产的基础上，要求丈夫一次性支付自己经济补偿金。至于具体数额，双方可以协商，协商不成的，可以由法院判决。本案中，丈夫认为，现有家产主要是自己创业所挣，均分就已经考虑了妻子这些年对孩子、老人的抚养照顾了。这种理由不能成立，因为，夫妻双方只是分工不一样，现有家产是夫妻在婚姻关系存续期间相互分工、协同劳动所得，属于夫妻共同财产，在没有约定夫妻财产归各自所有的前提下，离婚财产的分割原则就是均分。可见，均分共同财产根本没有体现作为另一方的妻子“在抚育子女、照料老人、协助另一方工作等负担较多义务”而可以获得的离婚经济补偿。这笔补偿，一旦妻子提出，作为另一方的丈夫“应当给予补偿”。

法律依据

《民法典》第一千零八十八条　夫妻一方因抚育子女、照料老年人、协助另一方工作等负担较多义务的，离婚时有权向另一方请求补偿，另一方应当给予补偿。具体办法由双方协议；协议不成的，由人民法院判决。

42. 离婚后发现被隐藏婚姻关系存续期间的共同财产，如何处理？

• **案例**

某年5月20日，在同一个单位打工相识的饶某某（女）与单某某（男）结婚，感情融洽。在孩子到了入学年龄时，饶某某回家乡陪孩子读书，单某某继续外出打工。几年间，单某某每年仅给6000元（仅够儿子生活费、教育费），且几年不回家。原来，单某某与打工地的另一女性长期共同经营一餐饮小店。最终单某某以感情不和分居多年为由协议离婚，孩子由饶某某抚养并在家乡读书，单某某每月给付700元生活费。离婚2年后的某日，饶某某从单某某弟弟处了解到，单某某原来每年存5万—6万元到其弟弟单独办理的一张银行卡里，由其弟弟代办理财，现已有32万元。饶某某认为单某某婚前转移夫妻共同财产，要求这32万现在应全部归自己所有，法院会如何处理？

• **结论**

应当先从32万金额中确定属于夫妻共同财产的部分，然后再按隐匿离婚前共同财产处理规定作出裁判。

• **分析**

夫妻一方离婚前擅自隐藏、转移、变卖、毁损、挥霍夫妻共同财产的行为，属于单方面侵占夫妻共同财产或因一方有过错导致夫妻共同财产不当减少的行为。离婚前发现这种行为的，在分割夫妻共同财产时，可以对实施该行为的一方少分或不分，离婚后发现上述行为的，双方可以协商分割财产，也可以向人民法院提起诉讼，请求再次分割夫妻共同财产，不能让夫妻一方中的“忠诚”者吃亏。本案中这 32 万元财产是由两个阶段的两个部分组成，即饶某某与单某某婚姻关系存续期间的存款及理财增值和离婚后——案发时的存款及理财增值。属于被隐藏的夫妻共同财产的只是前一部分，而不是整个的 32 万元。因此，对于离婚后才发现的被单某某隐藏的夫妻共同财产，饶某某可以向人民法院提起诉讼，请求再次分割夫妻共同财产。单某某离婚前暗地转移夫妻共同财产是有过错的行为，在重新分割夫妻共同财产时，饶某某可提出让单某某少分，也可以让单某某不分的主张。

法律依据

《民法典》第一千零九十二条 夫妻一方隐藏、转移、变卖、毁损、挥霍夫妻共同财产，或者伪造夫妻共同债务企图侵占另一方财产的，在离婚分割夫妻共同财产时，对该方可以少分或者不分。离婚后，另一方发现有上述行为的，可以向人民法院提起诉讼，请求再次分割夫妻共同财产。

第四章　收　养

43. 收养了孤儿后因经济困难无力抚养的，收养人可以再送养吗？

• **案例**

曹某和林某共同收养了当时 6 岁的孤儿张某。3 年后，曹某因经营失败，财力、精力都无法养活三人。在苦撑了 1 年后，曹某夫妇决定将当时已 10 岁的张某再送给李某抚养。作为收养人的曹某夫妇可以再送养张某吗？

• **结论**

曹某不可以再送养张某。

• **分析**

《民法典》第一千零九十四条规定的送养人包括孤儿的监护人、儿童福利机构、有特殊困难无力抚养子女的生父母。可见，养父母不得作为送养人将养子女再次转送养于第三人。法律禁止收养人再次送养收养人，其目的是保护被收养人的稳定生活和健康成长，所以本案中作为收养人的曹某夫妇不可以再送养张某，而且在张某成年以前，不得解除收养关系。当然，曹某因经营不善，经济困难，如果确实难以抚养妻儿，曹某夫妇可以与当初的送养人协商解除抚养关系。

法律依据

《民法典》第一千零九十四条 下列个人、组织可以作送养人：

（一）孤儿的监护人；

（二）儿童福利机构；

（三）有特殊困难无力抚养子女的生父母。

《民法典》第一千一百一十四条 收养人在被收养人成年以前，不得解除收养关系，但是收养人、送养人双方协议解除的除外。

44. 未成年人的父母患有精神疾病，其爷爷可以送养该未成年人吗?

- **案例**

王某曾经患有精神疾病，治愈后与汪某登记结婚。婚后育有一子王甲（化名）。在王甲10岁那年的某日，王某精神病复发，经治不愈。一次王某发病时还将其妻子孙某打成植物人。王甲的爷爷考虑王某家庭状况、自己年事已高和王甲的成长，决定将王甲送给徐某抚养。问：王甲的爷爷有权将王甲送养吗？

• **结论**

在王某的父母不具备完全民事行为能力并严重危害未成年人王甲的身心健康、人身安全时，王甲的爷爷作为王甲的监护人有权将王甲送养——但应当征得其他监护人的同意。

• **分析**

送养人一般是有特殊困难无力抚养子女的生父母，监护人也可以送养未成年人，但应当具备以下两个条件：（1）未成年人的父母均不具备完全民事行为能力。（2）可能严重危害该未成年人的健康、安全。只有这两个条件同时具备时，未成年人的监护人才可以将未成年人送养。本案中，王某的精神病复发，不具备完全民事行为能力且可能严重危害王甲的身心健康，母亲被复发的精神病丈夫打成植物人，也完全不具备民事行为能力，不具有监护能力。此时，该案情形已经满足了监护人送养未成年人的全部条件。当然，监护人送养还有一个程序要求，即《民法典》第一千零九十六条，监护人送养孤儿的，应当征得有抚养义务的人同意。有抚养义务的人不同意送养、监护人不愿意继续履行监护职责的，应当依照本法第一编的规定另行确定监护人。按照监护人顺位，王甲无兄无姐，其祖父母、外祖父母是王甲的监护人。

王甲的爷爷送养王甲还应当征得王甲的外祖父母的同意，如果他们不愿意抚养的话，王甲的爷爷有权将王甲送养。

法律依据

《民法典》第二十七条 未成年人的父母已经死亡或者没有监护能力的，由下列有监护能力的人按顺序担任监护人：

（一）祖父母、外祖父母；

（二）兄、姐；

（三）其他愿意担任监护人的个人或者组织，但是须经未成年人住所地的居民委员会、村民委员会或者民政部门同意。

《民法典》第一千零九十五条 未成年人的父母均不具备完全民事行为能力且可能严重危害该未成年人的，该未成年人的监护人可以将其送养。

45. 非婚生子女的生母可以单方送养非婚生子女吗？

- **案例**

韩某某在外地打工，与同是工友的宋某某同居，意外怀孕，宋某某知情后不辞而别。韩某某一直打听宋某某下落却无结果。韩某某将孩子生下来以后，因没有足够的经济能力抚养孩子，于是决定将孩子送给他人抚养。韩某某能将孩子送给他人抚养吗？

- **结论**

韩某某作为非婚生孩子的生母在不知孩子生父下落的情况下可以单方将孩子送给他人抚养。

- **分析**

生父母送养子女的——包括非婚生子女的生父母送养非婚生子女，应当满足以下要求：（1）有特殊困难无力抚养子女的。（2）夫妻双方共同送养。即生父母双方就送养子女达成意思一致的意思表示，这是为了保护夫妻双方对子女的亲权利益，也避免一方同意送养、另一方反对送养，从而影响夫妻关系和收养关系稳定以及不利于被送养的未成年人的成长。（3）特殊情况下的单方送养，即生父母一方不明，或者查找不到的，如下落不明、宣告失踪、宣告死亡等。本案中，韩某某非婚同居并生有非婚生孩子，理应像对待婚生孩子一样予以抚养、教育和保护。但因本人“有特殊困难无力抚养子女”且孩子的生父宋某某下落不明，无法形成“共同送养”的合意。因此，韩某某满足前述单方送养的要件，可以单方送养其非婚生孩子。

法律依据

《民法典》第一千零九十四条 下列个人、组织可以作送养人：

……

（三）有特殊困难无力抚养子女的生父母。

《民法典》第一千零九十七条 生父母送养子女，应当双方共同送养。生父母一方不明或者查找不到的，可以单方送养。

46. 患有遗传性精神疾病的人可以收养子女吗？

• 案例

27 岁的张某与 25 岁的汪某登记结婚。婚后 2 年 3 个月，张某首次被发现患有某种遗传性精神疾病。因此，张某与汪某虽然很恩爱，但最好不要生育子女。经过 2 年的治疗和思考，张某与汪某商议想在当地孤儿院收养孤儿陶某某。那么，患有遗传性精神疾病的张某及其丈夫可以收养陶某某吗？

• 结论

患有遗传性精神疾病的张某及其丈夫不可以收养陶某某。

• 分析

收养人具有抚养、教育、保护被收养人的能力，其为肯定性要件；同时不能患有“医学上不应当收养子女的疾病”，其为其他否定性要件。“医学上不应当收养子女的疾病”主要是指精神疾病和传染病。前者影响被收养人的人身安全，后者可能影响被收养人的身体健康，同时也影响收养人对被收养的未成年人的“抚养、教育、保护”的能力。本案中，张某患有遗传性精神疾病，遗传性精神疾病属于医学上认为不应该收养子女的疾病，所以，张某及其丈夫不可以收养陶某某。

法律依据

《民法典》第一千零九十八条 收养人应当同时具备下列条件：

（二）有抚养、教育和保护被收养人的能力；

（三）未患有在医学上认为不应当收养子女的疾病。

47. 华侨能否收养其三代以内的旁系同辈血亲的子女？

- **案例**

赵某某（男），美籍华人，时年40岁，因为妻子不想生育子女，于是打算收养其弟弟的女儿——当年已7岁的赵晓晓（化名）。赵某某能收养其侄女赵晓晓吗？

- **结论**

华侨赵某某可以收养其侄女赵晓晓。

- **分析**

收养三代以内旁系同辈血亲的子女是发生在亲属之间的收养，其相对于不具有血亲关系的收养来说，更有利于被收养的未成年人的健康成长。因此，对“收养三代以内旁系同辈血亲的子女”的，要求具备收养的一般要求，不需要以下限制：（1）不要求收养人“生父母有特殊困难无力抚养的子女”；（2）不要求送养人是“有特殊困难无力抚养子女的生父母”；（3）不要求“无配偶者收养异性子女的，收养人与被收养人的年龄应当相差四十周岁以上”；（4）华侨“收养三代以内旁系同辈血亲的子女”时，还可以不受“无子女或者只有一名子女”的限制。本案中，赵某某是美籍华人，与其弟弟是三代以内的旁系同辈血亲关系。根据《民法典》第一千零九十九条规定，无论赵某某是否有子女，无论赵某某的弟弟是否有特殊困难无力抚养其女儿赵晓晓，无论赵某某与赵晓晓的年龄是否相差四十周岁以上，赵某某都可以收养其侄女。

法律依据

《民法典》第一千零九十九条　收养三代以内旁系同辈血亲的子女，可以不受本法第一千零九十三条第三项、第一千零九十四条第三项和第一千一百零二条规定的限制。

华侨收养三代以内旁系同辈血亲的子女，还可以不受本法第一千零九十八条第一项规定的限制。

48. 有配偶者可以单独收养子女吗?

• **案例**

张某(女)和李某(男)夫妇已有一女儿。张某于某年6月21日在当地孤儿院收养了一名孤儿曹某。当李某得知这件事后，以他和张某已经有了一个孩子为理由，不愿对曹某担负起养育的责任。这时，张某还可以收养曹某吗?

• **结论**

张某单独收养曹某的行为无效。

• **分析**

收养子女需要对被收养人履行抚养、教育、保护的义务，这是已婚当事人夫妻双方的权利和义务，因此，只有经夫妻双方同意，收养才能成立。否则，一方要求收养子女，另一方不同意，或者允许单方收养，则不能保证被收养人在融洽、安宁、和睦的家庭中生活或受到教育、保护，这不仅对被收养人不利，也影响夫妻关系和社会稳定。因此，有配偶者收养子女，必须夫妻共同收养，这就要求:(1)收养之前，夫妻就共同收养达成合意。(2)办理收养登记时，必须收养夫妻双方到场或出具共同收养合意的证明材料。(3)收养关系建立以后，夫妻双方对被收养人共同履行抚养、教育、保护等义务。(4)解除收养关系时，也应夫妻双方共同解除。本案中，张某事先并未将收养曹某的意愿告知丈夫李某，也未与李某协商并达成收养合意。所以，张某在夫妻关系存续期间单独收养曹某的行为无效。

法律依据

《民法典》第一千一百零一条 有配偶者收养子女，应当夫妻共同收养。

49. 被收养人不愿意被收养，符合收养条件的收养人可以收养吗？

- **案例**

王某今年53岁，早年丧偶，与亡妻也没有生儿育女，由于多种原因一直没有找到合适的伴侣再婚。在朋友建议下，他准备向孤儿院领养一名9岁女性孤儿李某。李某生性活泼可爱，并且在孤儿院中表现优异，在孤儿院院长征求李某意见时，李某不愿意被王某收养。这时，王某还可以收养李某吗？

- **结论**

王某不能收养李某。

- **分析**

建立收养关系，不仅要求收养人夫妻双方共同自愿收养、送养人自愿送养、收养人与送养人之间自愿选择双方建立收养关系、被收养人自愿被送养和被收养，而且收养 8 周岁以上未成年人的，还要征求被收养 8 周岁以上未成年人本人的意见。任一方不“自愿”时，就不能建立收养关系。因此，当被收养人是 8 周岁以上的未成年人的，如果他或她不同意被收养时，就不能收养或送养。本案中，虽然收养人王某符合收养人的条件，孤儿院也符合送养人条件，双方也具有收养、送养的意愿；但已有 9 岁的李某不同意被王某收养时，即不能达成“双方自愿”，因此王某不能收养李某。

法律依据

《民法典》第一千一百零四条 收养人收养与送养人送养，应当双方自愿。收养八周岁以上未成年人的，应当征得被收养人的同意。

50. 收养手续办理完毕，被收养的未成年人就可以在被收养地入学了吗？

- **案例**

李某 9 岁时母亲去世又没有亲戚，成为一名孤儿。母亲的生前好友、远在外省的张某夫妻二人知道情况后将李某收养。8 月

20 日，张某夫妻办理完毕收养登记、收养公告、收养协议、收养公证、收养评估等手续，等着开学。在 9 月 1 日办理开学手续时，学校告知该生户口不在本地本校区，不可入籍读书。张某夫妻在民政部门办理了收养手续，为什么被收养的李某还不能入学呢？

- **结论**

张某夫妻在收养关系成立后，应该到公安机关为被收养人李某申请办理户口登记。

- **分析**

在收养法律关系中，收养人在县级以上人民政府的民政部门登记，经过收养登记、收养公告、收养协议、收养公证、收养评估等手续。收养人还要凭其收养登记证和有关证明材料，向户口迁入地户口登记机关提出申请办理户口登记。本案中，张某夫妻在完成收养登记等手续后与李某之间的收养关系已经成立，但张某夫妻没有及时携带收养登记证和有关证明材料，向张某家户口所在地的户口登记机关提出申请办理李某户口登记，耽误了李某就近、按时入学。

法律依据

《民法典》第一千一百零六条 收养关系成立后，公安机关应当按照国家有关规定为被收养人办理户口登记。

51. 已有子女的好心人可以领养朋友家的两名孩子吗?

• **案例**

王某夫妻都是中学教师，他们的儿子已经在读大二。与他们为邻的李某家有两名孩子，分别是10岁、9岁。李某的妻子常年患病，李某家境贫寒，已经无力抚养年纪较小的两名孩子。王某夫妻二人为人善良热情，平时与李某交情尚好，李某夫妻与王某夫妻商讨，王某领养这两名年纪较小的孩子。王某家已有一名孩子，他们还可以领养李家的这俩孩子吗?

• **结论**

王某夫妻可以领养两名孩子。

• **分析**

当孩子成为孤儿或生父母无力抚养，此时生父母的亲属、朋友愿意抚养他们，则有利于这些孩子既不脱离父母子女关系，又能得到较好抚养、教育，还能够形成友爱互助的良好社会风气。由于这种抚养关系不需要抚养人与被抚养人之间建立父母子女关系，也不要终止被抚养人与生父母之间的父母子女关系，因此这种抚养关系不适用收养相关法律的规定，如，“有子女的收养人只能收养一名子女”（《民法典》第一千一百条）。本案中，李某因病家贫，已经无力抚养俩孩子，影响到孩子的生存和成长。王家和李家本来就是邻里和朋友，彼此熟悉双方家庭和为人，经协商，领养李家的俩孩子，对他们进行抚养、教育、保护，将有利于他们的成长，符合立法精神和双方当事人的本意。再者，这种由朋友抚养未成年人的情况不适用收养法律规定，不受“有子女的收养人只能收养一名子女”等条款的限制。因此，王家可以领养李家的俩孩子。

法律依据

《民法典》第一千一百零七条 孤儿或者生父母无力抚养的子女，可以由生父母的亲属、朋友抚养；抚养人与被抚养人的关系不适用本章规定。

52. 丧偶儿媳将孙子送养他人，公婆可以要求自己抚养孙子吗？

- **案例**

陈某5岁时，生父因病去世。陈某7岁时陈某的母亲意欲改嫁，并将陈某送养给另一县的陶某夫妇，而且陶某夫妇为此还支付给陈某生母1万元的生活补助费和教育辛苦费。陈某的祖父母知晓此事后，坚决反对陈某被送养，要求亲自抚养自己唯一的孙子。送养人陈某的生母、收养人陶某夫妇、陈某的祖父母三方激烈争论，互不相让。在这种情形下，陈某究竟应由谁来抚养？

• **结论**

陈某的祖父母对陈某享有优先抚养权。

• **分析**

子女的父母一方死亡，另一方打算送养未成年人，一旦送养，该被送养的未成年人的法定第一顺序抚养人就不再抚养该未成年人了。祖孙之间是直系血亲，祖父母是孙的第二顺序抚养人，相对于收养人来说，祖父母或外祖父母抚养失去父母的未成年人更有利于未成年人的身心健康。所以，我国《民法典》第一千一百零八条赋予了死亡一方的父母享有“优先抚养权”，即在未成年子女父母一方死亡，另一方送养该未成年人时，死亡一方的父母可以自己抚养该未成年人。这里的优先抚养权具有两面性，一方面，一旦祖父母或外祖父母行使该优先抚养权，就可以对抗收养关系，即使此时未成年人的母或父与他人达成收养协议，该协议也将无效。另一方面，作为一种民事权利，未成年人的祖父母或外祖父母也可以放弃该优先权。这时，该未成年人就可以被送养了。本案中，陈某的生父已经死亡，陈某的母亲与陶某夫妇达成了收养协议。依照《民法典》第一千一百零八条规定，此时，陈某的祖父母依法享有对即将被送养的孙子陈某的“优先抚养权”。而且陈某的祖父母行使了该优先权，反对送养，因此陈某的祖父母拥有对陈某的抚养权。同时，因为陈某祖父母行使优先抚养权，陈某母亲与陶某夫妇之间的收养协议因此无效，陈某的母亲应当归还陶某夫妇的 1 万元生活补助费和教育辛苦费。

法律依据

《民法典》第一千一百零八条 配偶一方死亡，另一方送养未成年子女的，死亡一方的父母有优先抚养的权利。

53. 收养人要求保守收养秘密的，其他人能泄露吗？

- **案例**

王某夫妻二人在5年前收养了一名男孩龚小小（化名），要求送养人保守收养秘密，但是在与送养人协商时不小心被邻居李某知道。王某夫妻要求李某保守秘密，李某答应。近日王某夫妻与邻居李某发生口角，李某将王某夫妻的孩子是领养的秘密大肆宣扬。王某夫妻觉得孩子利益受损，遂向有关部门举报。李某是否应当保守王某夫妻的秘密？

- **结论**

李某应当保守王某夫妻收养龚小小的秘密。

- **分析**

收养关涉送养人、收养人、被收养人三者身份、生活、社会影响和利益等方面，是私人秘密，依法受到保护。当事人要求对收养关系保密的，一定是出于对特定事项、关系人人格权利益予的特别考量，任何人不得以刺探、侵扰、泄露、公开等方式侵害他人的隐私权。这既是对公民隐私权的保护，又是稳定收养关系的必要手段。本案中，保守收养秘密是王某夫妇与送养人的隐私，是收养协议的内容之一，不仅收养人、送养人要遵守保密协议，案外人也有保守该秘密的义务。李某偶然听闻他人收养秘密，为泄私愤而“大肆宣扬王某夫妻领养孩子的秘密”，应当对其侵权行为及其所造成的损害承担相应的法律责任。

法律依据

《民法典》第一千一百一十条 收养人、送养人要求保守收养秘密的，其他人应当尊重其意愿，不得泄露。

54. 被他人收养后又与生母相认的，该被收养人能继承生母遗产吗?

- **案例**

某年，未满16周岁的肖小蓝(化名)在放学路上被人强奸，强奸者不知所踪。涉世尚浅的肖小蓝生下一女孩小雅(化名)，并将小雅遗弃在福利院门口。小雅后来被不能生育的吴某夫妇收养并长大。肖小蓝经过多年打拼，终于家财殷实，但是因为少年时期的阴影，她终身未婚无子。2004年机缘巧合下，肖小蓝找到了当初被自己遗弃的孩子小雅并相认，此后小雅一直与肖小蓝保持密切联系并不时照顾生母，但是小雅并未与吴某夫妇解除收养关系。2017年肖小蓝突发脑溢血去世，留下巨额财产。小雅是否能够继承生母肖小蓝的遗产？

- **结论**

小雅无法继承肖小蓝的全部财产，但是可以相应地分得一部分财产。

- **分析**

本案中，小雅被肖小蓝遗弃后由吴某夫妇收养长大，在法律上小雅与吴某夫妇之间形成收养人与被收养人之间拟制的直系血亲关系，养子女从此取得了与婚生子女完全相同的法律地位。而小雅与肖小蓝法律上的血亲关系因收养关系成立而消除，所以小雅不能以子女的名义继承生母肖小蓝的全部财产。但是小雅与肖小蓝相认后，保持密切联系并照顾过生母，作为“继承人以外的抚养人”尽到了一定的赡养义务，可以适当分给遗产。因此，本案中肖小蓝的部分遗产归女儿小雅继承，其他的遗产归国家所有并用于公益事业。

法律依据

《民法典》第一千一百一十一条 养子女与生父母以及其他近亲属间的权利义务关系，因收养关系的成立而消除。

《民法典》第一千一百三十一条 对继承人以外的依靠被继承

人扶养的人，或者继承人以外的对被继承人扶养较多的人，可以分给适当的遗产。

55. 养子女能否依个人意愿改变姓氏？

• **案例**

陈花（化名）有过一段恋爱，但是没有领结婚证，孩子露露（化名）的出生证明上随生父姓氏，之后因户口问题，露露改成随陈花姓。现陈花已改嫁，露露随陈花一起生活，现在的家庭要求陈花将露露改随养父姓氏，而露露坚决拒绝改姓。但是在母亲的劝说下，露露还是改随养父姓氏。几年后，已成年的露露又自己改随生父姓。那么，露露可以再次变更自己的姓氏吗？

• **结论**

露露作为养子女，未成年时可以随养父姓，也可以经协商同意，保留自己的姓氏；成年以后可以根据自己的意愿决定是否改回被改变的姓氏。

• **分析**

在收养关系中，养子女可以随养父或者养母的姓氏，经当事人协商一致，也可以保留原姓氏。如果养子女被迫同意改姓，在成年后根据《户口登记条例》第十八条“公民变更姓名，依照下列规定办理：（一）未满十八周岁的人需要变更姓名的时候，由本人或者父母、收养人向户口登记机关申请变更登记；（二）十八周岁以上的人需要变更姓名的时候，由本人向户口登记机关申请变更登记”的规定，仍可以改姓。本案中，露露成年以后，有权利改回其生父的姓氏。

法律依据

《民法典》第一千一百一十二条 养子女可以随养父或者养母的姓氏，经当事人协商一致，也可以保留原姓氏。

56. 限制民事行为能力人收养了子女后，如何处理？

- **案例**

黄某先天有智商缺陷，靠捡破烂为生。某一冬日，黄某拾得一被人抛弃的男婴，取名为小天（化名），并抚养该男婴长大。7 年后，小天在一次人口排查中被检查出无户口，相关组织要求黄某把小天送往有抚养能力的家庭或福利院，黄某不同意，小天也不愿意离开黄某。那么，该案件将如何处理？

- **结论**

小天不能被黄某收养，因为收养人黄某不具备收养人的条件，因而其“收养行为”不能产生收养的法律效力。

• **分析**

收养人、被收养人都要符合法律的规定才能使收养关系成立。作为收养人应具备的条件是:(一)具有完全的民事行为能力,即可以独立进行民事活动的且精神正常的成年人;(二)有抚养、教育被收养人的能力,如有正当的职业或可靠的经济来源,能够照顾被收养人的生活并可负担其相应的经济开支等。本案中,虽然小天满足被收养人的条件,但是黄某因其智力缺陷为限制民事能力人,且家境贫寒,不具备收养人的条件。即使小天和黄某感情深厚,二人都不同意小天被其他家庭收养,但为了小天的健康成长和发展,二人也必须分开。当然,小天在被收养的新家庭的成长过程中,经过收养小天家庭的同意黄某可以前往看望小天。

法律依据

《民法典》第一千零九十八条 收养人应当同时具备下列条件:

(一)无子女或者只有一名子女;

(二)有抚养、教育和保护被收养人的能力;

(三)未患有在医学上认为不应当收养子女的疾病;

(四)无不利于被收养人健康成长的违法犯罪记录;

(五)年满三十周岁。

《民法典》第一千一百一十三条 有本法第一编关于民事法律

行为无效规定情形或者违反本编规定的收养行为无效。

57. 收养人能否以经济条件变差为由，协议解除收养关系？

• **案例**

李华夫妇结婚多年未育，经家人商讨后，便办理相关手续在福利院收养了一个 8 岁的小女孩，取名莉莉（化名）。一年后，李华妻子怀孕。夫妻二人觉得抚养两个孩子较为困难，便想解除收养协议，将莉莉送回福利院。李华对福利院表示他已失业在家，无抚养莉莉的经济能力，不符合收养条件。经调查，李华虽待产在家，但其家庭条件本来就很殷实，并未因失业失去经济能力，故福利院拒绝了收养人李华解除收养关系的请求。李华夫妻二人转而询问莉莉是否愿意回福利院生活，也遭到拒绝。李华能否要求解除收养关系呢？

• **结论**

李华无权解除收养协议。

• **分析**

维护和解除已经建立的收养关系，必须符合以下要求：（1）收养人在被收养人成年以前，不得解除收养关系，从而维护收养关系的稳定和保护被收养人的合法权益。（2）在收养人未成年，但收养人、送养人双方经协商同意可以解除收养。（3）协议解除收养关系时，如果被收养人8周岁以上的，应征得其本人同意，否则，其他人合意也不能解除收养协议。在本案中，李华夫妇与福利院已经签订了合法的收养协议，应该继续履行该协议，在被收养人莉莉未达到法定成年年龄之前，不得单方面解除收养协议。收养人李华以经济条件不好、难以抚养两个孩子为由提出解除对莉莉的抚养协议，经查证不实，因而未能与送养人福利院达成解除收养协议。再者，李华要求解除收养关系的协议也未得到当时已8岁的被收养人莉莉的同意。综上，李华不能解除收养关系。

法律依据

《民法典》第一千一百一十四条 收养人在被收养人成年以前，不得解除收养关系，但是收养人、送养人双方协议解除的除外。养子女八周岁以上的，应当征得本人同意。

58. 养父子之间关系不断恶化，能诉讼解除收养关系吗？

• 案例

李振华（化名）收养李华（化名）20余年，供其读书、养其成人，但李华在成长过程中与李振华积攒了不少误解和恩怨，二人关系在李华毕业后逐渐恶化。李华整天忙于工作早出晚归，很少照顾老人生活，李振华对其不满，长期在家中辱骂甚至恶语相向。李华难以忍受这样的生活，便向养父提出协议解除收养关系。李振华被激怒，怒斥李华白眼狼，强烈要求李华履行养老义务。协商未果，双方关系继续恶化。最终，李华向人民法院提起了诉讼，表示愿意补偿李振华对自己付出的抚养教育费用，但要求解除与李振华的收养关系。那么，李华可以提起诉讼解除收养关系吗？

• 结论

李华主动提出补偿收养人已支出的抚养、教育费并基于收养人与自己关系严重恶化、难以共同生活而请求解除收养关系应该得到法院的支持。

• 分析

收养关系等同于血亲关系，本应和睦相处，但如果养父母与成年养子女关系恶化，达到无法共同生活的程度的，应当允许养父母与成年的收养人协议解除收养关系；若一方不愿协商解除或达不成解除协议的，另一方可以向人民法院诉讼解除。这有利于解除成年被收养人与养父母之间不和谐的状态。本案中养父李振华抚养李华 20 余年，至其成人立业，应该说是尽到了抚养、教育的义务。但双方长期争吵，甚至恶语相向，严重影响双方的身心健康和感情，甚至到了难以共同生活的程度。此时，养子李华与养父李振华协商解除养父母子女关系，这是可以理解的。协商失败后，养子李华为维护自身利益，依法向人民法院提起诉讼，请求法院解除双方收养关系，并主动提出补偿养父收养期间为自己支付的抚养、教育费用，是合情、合理、合法的。为维护收养人和被收养人的合法利益，法院应当准许双方解除收养关系。

法律依据

《民法典》第一千一百一十五条 养父母与成年养子女关系恶化、无法共同生活的，可以协议解除收养关系。不能达成协议的，可以向人民法院提起诉讼。

59. 已成年的被收养人与收养人解除收养关系后，必须赡养生父母吗？

- **案例**

张建（化名）2 岁时被刘某某收养，成年后喜欢网上赌博，养父母很生气，在民政部门登记解除与养子张建的收养关系。但张建知道是自己的错误造成的，所以解除收养关系后，仍长期照顾赡养养父母，反而不愿恢复与生父母以及其他近亲属间的权利义务关系，拒绝赡养生父母。生父母觉得生儿不孝，将张建告上法院，请求人民法院判决张建赡养生父母。解除收养关系后的张建有义务赡养自己的生父母吗？

- **结论**

即使张建与其养父母解除收养关系，也并不必然需要赡养自己的生父母。赡养与否取决于已经成年的被收养人在解除收养关系之后，是否愿意恢复其与生父母之间的血亲关系，愿意恢复的，就有赡养义务，不愿意恢复的就无赡养义务。

- **分析**

未成年被收养人被解除收养关系后，其与生父母之间的父母子女关系自行恢复，这是对未成年的被收养人权益保护的需要。与此不同的是，成年被收养人与养父母解除收养关系后，成年养子女有权利决定是否恢复与生父母以及其他近亲属间的权利义务关系，可以协商确定恢复，也可以继续终止生父母子女关系，总之不是自行恢复的。法律将已经成年的收养人与被收养人解除收养关系后，是否恢复与生父母的血亲关系的决定权交给成年人自己，旨在尊重成年被收养人的感情和保护其人身财产权益。本案中，张建已为成年人，其与生父母以及其他近亲属间的权利义务关系是否恢复，应由张建本人与生父母共同协商。生父母在没有与子女协商或协商未果的情况下，无权要求曾经因为收养关系的建立而终止的生父母子女关系得以恢复，并要求其履行赡养义务。因此，张建生父母的请求不能得到法院的支持。

法律依据

《民法典》第一千一百一十七条 收养关系解除后，养子女与养父母以及其他近亲属间的权利义务关系即行消除，与生父母以及其他近亲属间的权利义务关系自行恢复。但是，成年养子女与生父母以及其他近亲属间的权利义务关系是否恢复，可以协商确定。

60. 收养关系解除后，收养人有权要求成年的被收养人支付收养期间支出的抚养费吗？

- **案例**

某日早上，冯某某在村北路口捡到一名弃婴，便将弃婴带回家抚养，取名冯上上（化名）。冯某某夫妇把冯上上抚养长大并供其上学。毕业后，冯上上没有正式工作，吃住依靠冯某某夫妇。后来冯某某夫妇出资为冯上上办理了婚事。但冯上上结婚后，不履行赡养扶助义务，且纵容、伙同其妻子打骂、虐待冯某某夫妇，与冯某某夫妇及亲属关系十分紧张。经村委会和周边邻居教育批评后，冯上上夫妇改用冷暴力对冯某某夫妇造成精神上的伤害，可见这对养父母子女关系已经恶化。冯某某夫妇请求法院解除与冯上上之间的收养关系，并要求被告支付20多年以来的抚养教育费。解除收养关系的收养人有权要求成年的被收养人支付收养期间支出的抚养费吗？

• **结论**

冯某某夫妇有权要求成年的被收养人冯上上支付收养期间支出的抚养费。

• **分析**

本案中，冯某某夫妇与冯上上建立了合法的收养关系。冯上上成年成家后，未能正确处理家庭关系，纵容其妻对二老打骂，经当地村委会及邻里调解未果，导致家庭关系恶化，无法共同生活。所以冯某某夫妇可以协商解除收养关系，也可以向法院起诉，解除与冯上上的收养关系。二者对冯某某20多年的抚养和为此负担经济支出是客观事实，因冯上上成年后不仅不履行赡养义务，反而还经常虐待养父母，这是导致收养关系解除的直接原因，也伤害了收养人的感情，并造成冯某某夫妇的经济损失。所以，冯某某夫妇可以要求冯上上补偿收养期间支出的生活费和教育费，这也是对有过错的被收养人的一种惩罚和教育。

法律依据

《民法典》第一千一百一十八条 收养关系解除后，经养父母抚养的成年养子女，对缺乏劳动能力又缺乏生活来源的养父母，应当给付生活费。因养子女成年后虐待、遗弃养父母而解除收养关系的，养父母可以要求养子女补偿收养期间支出的抚养费。

第五章　继　承

61. 在意外事件中被宣告死亡的，其遗产继承从什么时间开始计算？

• **案例**

某年1月10日，张某因吞食异物窒息，经抢救无效死亡，死亡医学证明书上记载的死亡时间为当年1月10日13时59分。1月10日傍晚时分，家属将张某遗体送往殡仪馆暂存，但在途中，车辆颠簸，张某吞服的异物吐出，张某死而复生。不料在将张某送回医院的途中，桥梁发生意外，运送张某的车辆掉入江中，下落不明。公安机关等调查后出具了意外事故的相关报告，记载的意外发生时间为当年1月11日10时45分。经张某妻子申请，法院于两年后的1月12日宣告张某死亡。那么，张某的遗产继承开始的时间该如何确定？

• **结论**

张某的死亡时间为意外事件发生之日，即某年 1 月 11 日为张某的遗产继承开始之日。

• **分析**

继承从被继承人死亡时开始。在本案中，可以作为认定张某死亡时间的依据为：医院出具的《死亡医学证明书》上记载的时间：某年 1 月 10 日 13 时 59 分；但该时间被某年 1 月 11 日张某死而复生的证据推翻。公安机关等调查后出具的意外事故的相关报告记载的意外发生时间为某年1月11日10时45分。根据《民法典》第十五条、四十八条的规定，可以判定张某的死亡时间为意外事件发生之日即该年 1 月 11 日，这一天也是张某的遗产继承开始之日。

法律依据

《民法典》第十五条 自然人的出生时间和死亡时间，以出生证明、死亡证明记载的时间为准；没有出生证明、死亡证明的，以户籍登记或者其他有效身份登记记载的时间为准。有其他证据足以推翻以上记载时间的，以该证据证明的时间为准。

《民法典》第四十八条 被宣告死亡的人，人民法院宣告死亡的判决作出之日视为其死亡的日期；因意外事件下落不明宣告死亡的，意外事件发生之日视为其死亡的日期。

《民法典》第一千一百二十一条 继承从被继承人死亡时

开始。

62. 相互有继承关系的数人同车自驾游途中死亡，该如何确定继承关系？

• **案例**

甲、乙自幼失去双亲，兄弟两人相依为命。甲与女友结婚，生有儿子丙，后丙与丁结婚生有一子戊。乙未结婚，无子女。一日，甲、乙、丙、丁同车自驾游途中遇车祸而死亡，死亡先后时间不能确定。请问，甲、乙、丙、丁的死亡时间应当如何确定？

• **结论**

应该先依法确定甲、乙、丙、丁的死亡时间，再确定他们相互之间的继承关系和遗产分割。根据案情，推定乙先于甲死亡，甲先与丙丁死亡，丙丁同时死亡。

• **分析**

在本案中，甲、乙、丙、丁一家人在自驾游过程中因车祸在同一事故中死亡，不能确定死亡先后时间。依法和案情分析，甲、乙是兄弟关系，是第二顺序继承人，乙除甲之外没有其他继承人，应当推定乙先于甲死亡，乙的遗产由甲继承；甲与丙是父子关系、丙与丁是夫妻关系，甲与丙、丁各自都有继承人，甲为长辈，应当推定甲先于丙、丁死亡；丙、丁为夫妻，辈分相同，应当推定丙、丁同时死亡，夫妻俩之间不发生继承关系，他们的遗产由丙、丁各自的继承人分别继承。

法律依据

《民法典》第一千一百二十一条 继承从被继承人死亡时开始。

相互有继承关系的数人在同一事件中死亡，难以确定死亡时间的，推定没有其他继承人的人先死亡。都有其他继承人，辈分不同的，推定长辈先死亡；辈分相同的，推定同时死亡，相互不发生继承。

63. 死亡赔偿金、虚拟财产是不是遗产？

- **案例**

某年7月甲大学毕业，在某电竞公司工作。甲一直喜欢玩网络游戏，并在游戏中赢得了比赛，得到了游戏里的高级别装备“屠龙刀”等。有人出价人民币5万元购买，但甲没舍得卖。5年后某日，甲因车祸身亡。甲生前投保了人身意外伤害险，保险金为20万元，未指定受益人。甲婚后置办二居室婚房，价值80万元，另有存款30万元，甲因死亡获得死亡赔偿金50万元。那么，本案中甲的遗产范围该如何确定？

• 结论

甲的遗产范围包括：保险金 20 万元、一套二居室婚房价值 80 万元、存款 30 万元、价值人民币 5 万元的游戏装备。50 万元的死亡赔偿金不属于遗产。

• 分析

在本案中，20 万元的保险金、价值 80 万元的婚房、30 万元的存款均属于遗产，均属于《民法典》第一千一百二十二条第一款规定的“自然人死亡时遗留的”，也是《民法典》第二百六十六条规定的允许自然人所有的财产。而价值人民币 5 万元的游戏装备是否是“遗产”呢？虚拟财产是在虚拟环境中，借助网络程序，通过个人购买并加入个人劳动或经营而持有或增值的财产，依据《民法典》及相关司法解释，虚拟财产应当属于“其他允许个人所有的合法财产”。本案中的价值 5 万元的游戏装备应当为甲死亡时遗留的合法财产，理应属于遗产。本案中的甲因死亡获得的死亡赔偿金 50 万元不是自然人死亡时遗留的个人合法财产，所以不属于遗产的范围，因为所谓“死亡赔偿金”是死亡以后获得的包括丧葬费、抢救费、交通费、被扶养人的生活补助费、抚慰金等用于死亡人以外的人的财产或为救助、丧葬等花费的财产。

法律依据

《民法典》第二百六十六条 私人对其合法的收入、房屋、生活用品、生产工具、原材料等不动产和动产享有所有权。

《民法典》第一千一百二十二条 遗产是自然人死亡时遗留的个人合法财产。

依照法律规定或者根据其性质不得继承的遗产，不得继承。

64. 同时存在遗赠扶养协议、遗赠、法定继承，应如何继承？

- **案例**

曹治国（化名）一直经营土特产批发，没有结婚，积蓄较多。在他 50 岁时收养了一个儿子曹小东（化名）。曹治国培养曹小东上了大学，毕业后曹小东分到外地工作，2 个月后又自费出国留学，从此就很少与曹治国联系。曹治国想到自己将来生活无人照顾，便与村委会签订了遗赠扶养协议：村委会负责曹治国的生养死葬；曹治国的全部财产在死后归村委会所有。1 年后，曹治国觉得自己的财产较多，不想全部给村委会，就自己写了一份遗嘱，将遗产的一半赠给他的老朋友牟老汉。2 年后某日，曹治国死亡。村委会在处理完丧事后，牟老汉拿着遗嘱要求接受曹治国的遗赠，村委会表示不能同意。曹小东知道此事后回国，也找到村委会，要求继承他养父的所有遗产，村委会更不同意。请问，本案该如何处理？

- **结论**

按照遗赠扶养协议处理。

- **分析**

遗赠扶养协议体现了被继承人生前处置自己死后财产的意思自治和继承人与被继承人之间权利义务一致性的法律精神，遗嘱继承体现了被继承人生前处置自己死后财产的意思自治，但不一定体现继承人与被继承人之间的权利义务关系；而法定继承是在没有遗赠扶养协议、遗嘱继承的情况下，由法律规定的一种继承方式，不直接体现被继承人生前处置自己死后财产的意思自治和继承人与被继承人之间的权利义务关系。所以，遗赠扶养协议先于遗赠和法定继承，遗赠先于法定继承。被继承人留有遗嘱的，应先按遗嘱执行，只有遗嘱未处分的财产才能进入法定继承。被继承人生前与他人订有遗赠扶养协议，同时又立有遗嘱的，继承开始后，如果遗赠扶养协议与遗嘱没有抵触，遗产分别按遗赠扶养协议和遗嘱处理；如果有抵触，按遗赠扶养协议处理。遗赠扶养协议和遗嘱未处分的财产或遗赠扶养协议未履行或遗嘱无效，该部分财产按法定继承处理。本案中，曹治国与曹小东基于收养形成了法定继承关系，与村委会签订了有效的遗赠扶养协议，又与自己的老朋友牟老汉之间形成了遗赠关系。而且曹治国在遗赠扶养协议中处分的是他的全部遗产，并没有“未处分的遗产”给遗嘱继承或法定继承适用。根据《民法典》第一千一百二十三条的规定，遗赠扶养协议与遗赠、法定继承相矛盾时，应优先适用遗赠扶养协议。所以曹治国的遗产归村委会所有。

法律依据

《民法典》第一千一百二十三条 继承开始后，按照法定继承办理；有遗嘱的，按照遗嘱继承或者遗赠办理；有遗赠扶养协议的，按照协议办理。

65. 继承人放弃继承权后反悔的，能再获得继承权吗？

- **案例**

甲去世后留有较多遗产，但也有部分债务，其长子乙明确表示放弃对甲的遗产的继承权，也不承担其债务。于是，甲的另外两个儿子丙、丁清偿了甲的债务后分割了甲的遗产。但遗产分割后，乙对放弃继承反悔，表示撤销放弃继承权的意思，要求继承甲的遗产。在遭到丙、丁拒绝后，乙向人民法院起诉，请求继承甲的遗产。乙放弃继承权后反悔，还能再获得继承权吗？

• 结论

遗产处理完毕后，乙请求撤销放弃继承的意思表示，依法不应得到支持，乙不能再获得继承权。

• 分析

接受继承和放弃继承是继承人的一项权利，但为了便于继承开始后的遗产管理和分割，《民法典》第一千一百二十四条第一款规定："继承开始后，继承人放弃继承的，应当在遗产处理前，以书面形式作出放弃继承的表示；没有表示的，视为接受继承。"本案中，继承开始后，乙放弃继承权的意思表示虽然没有采用书面形式，但其意思表示的态度、表示对象、场所、次数等情形证明其意思表示是"明确的""真实的"，因而是有效的。而在乙自作出放弃继承的意思表示到遗产分割之前，乙是可以表示反悔的，但乙并未表示反悔。直到遗产已处理完毕，乙才提出反悔并请求撤销其放弃继承权的意思表示，依法当然不应得到支持。

法律依据

《民法典》第一千一百二十四条 继承开始后，继承人放弃继承的，应当在遗产处理前，以书面形式作出放弃继承的表示；没有表示的，视为接受继承。

66. 接受遗赠的起算时间点该从何时开始?

• **案例**

刘某，早年丧夫，和儿子钱某一起生活。张某为刘某的朋友。某年 8 月 6 日，刘某当着儿子钱某和朋友张某的面立下一份自书遗嘱："我死后，我的房屋、存款 30 万元以及家中生活用品归儿子钱某所有；我的一台钢琴归朋友张某所有。立遗嘱人：刘某。某年八月六日。"当时，张某未对是否愿意接受钢琴表态。同年 10 月 8 日，刘某去世。张某帮助钱某料理了死者的丧事，但未提钢琴的事。同年 10 月 23 日，张某到钱某家中，要求搬走刘某遗赠给她的钢琴。钱某以从 8 月 6 日立遗嘱算起已超过 2 个月，此期间张某未表示接受遗赠为由，认为张某已丧失了接受遗赠的权利。请问，张某有权取得该钢琴吗？

• **结论**

张某有权取得钢琴，因为遗赠起算时间点为遗赠人刘某去世之日，即 10 月 8 日。

• **分析**

接受遗赠是受赠人的一项权利，但该权利又影响到其他受赠人或法定继承人的遗产范围和遗产分割，所以《民法典》第一千一百二十四条第二款要求受赠人及时、明确作出接受或放弃遗赠的意思表示。受赠人作出接受或者放弃受遗赠的表示的要件包括：（1）遗赠协议存在且有效；（2）知道或应当知道被继承人死亡发生的事实；（3）除斥期间为2个月，从受赠人知道或应当知道被继承人死亡发生的事实之日起计算。在本案中，张某能否获得受遗赠的钢琴取决于该遗赠协议是否有效，以及张某作出接受遗赠的意思表示有没有超过2个月的表示期间。其一，遗赠协议符合自书遗赠的实质要件和形式要件，是有效的，而且生效时间是8月6日。其二，遗赠协议的履行必须是在继承开始后即被继承人死亡后，才可以接受遗赠。其三，是否接受遗赠是受遗赠人的权利，受赠人可以接受也可以不接受。但由于遗嘱继承优先于法定继承，所以必须尽早确立遗嘱继承人或财产，因此法律上确定了2个月的接受遗赠意思表示的期间。这一期间从受遗赠人知道存在遗赠且知道遗赠人死亡时开始计算，即从遗赠人刘某去世之日10月8日起开始计算，钱某认为从8月6日起算的观点是错误的。张某10月23日作出接受遗赠意思表示并未超过2个月的期限，张某有权取得该钢琴。

法律依据

《民法典》第一千一百二十一条　继承从被继承人死亡时开始。

《民法典》第一千一百二十四条　受遗赠人应当在知道受遗赠后六十日内，作出接受或者放弃受遗赠的表示；到期没有表示的，视为放弃受遗赠。

67. 曾为减轻被继承人病痛而杀害被继承人的，还能继承遗产吗？

• **案例**

甲未婚配，收养乙为养子。乙成年后娶妻生子，一家人相处和睦。后甲被诊断为喉癌晚期。乙见养父之病已无药可救，身体痛苦，认为不如让其安乐死。甲服用了乙加入大量安眠药的药物后，乙念想到甲对他的抚育之恩，不忍心甲因此死去，便呼叫医生抢救。经抢救，甲脱险。1年后，甲死亡，尚留有房屋4间，现金、手表、金银首饰价值10多万元。那么，乙还享有继承权吗？

• **结论**

乙的行为旨在剥夺被继承人甲的生命，因此丧失对甲的遗产的继承权。

• **分析**

《民法典》将丧失继承权分为绝对丧失继承权和相对丧失继承权。一旦存在“故意杀害被继承人或者继承人的”情况就不可逆转地丧失继承权，这是法律对继承人恶意行为的一种惩罚和谴责。本案中，尽管乙投药的行为动机是为了让被继承人甲不再承受病痛折磨，但毕竟乙作为继承人故意实施了以剥夺甲的生命权为目的的故意杀人犯罪行为。该行为符合绝对丧失继承权的条件，应当剥夺其继承权。这样，甲的遗产成为无人继承的财产，应归国家或集体组织所有并用于公益事业。

法律依据

《民法典》第一千一百二十五条 继承人有下列行为之一的，丧失继承权：

（一）故意杀害被继承人；

（二）为争夺遗产而杀害其他继承人；

（三）遗弃被继承人，或者虐待被继承人情节严重；

（四）伪造、篡改、隐匿或者销毁遗嘱，情节严重；

（五）以欺诈、胁迫手段迫使或者妨碍被继承人设立、变更或者撤回遗嘱，情节严重。

继承人有前款第三项至第五项行为，确有悔改表现，被继承人表示宽恕或者事后在遗嘱中将其列为继承人的，该继承人不丧失继承权。

68. 某继承人曾经遗弃过被继承人，他还能继承遗产吗?

- **案例**

甲从小与父亲乙生活，母亲在甲幼年时不幸患病去世。父子在城郊居住并经营早点生意维持生活。后乙患不治之症，医疗开销极大，甲考虑到家庭生活拮据，继续支付乙的治疗费用很困难，便将乙赶出家门，任其自生自灭。事后甲想到乙从小对他的养育之恩，后悔不已，遂将乙接回家来悉心照料，乙也对甲表示宽恕。两年后乙去世，留有在城郊的三间房屋和祖传物件等。现在，甲还能继承乙的遗产吗？

- **结论**

甲享有对乙的财产的继承权。

- **分析**

出现某种法定事由，继承人丧失继承权，但由于事后获得被继承人明确的宽恕，继承人不丧失继承权。这种相对丧失继承权制度体现被继承人生前对自己遗产处理的意思自治，并促进继承人的自我反省。本案中，虽然甲作为继承人，先前实施了遗弃被继承人乙的行为，而且情节严重，依法甲丧失对乙的财产的继承权，但事后甲又积极悔改，将乙接回家来悉心照料，且被继承人乙也表示了宽恕。此时，乙具备了相对丧失继承权中“宽恕”的适用情形，因此甲可以继承乙的财产。

法律依据

《民法典》第一千一百二十五条 继承人有下列行为之一的，丧失继承权：

（一）故意杀害被继承人；

（二）为争夺遗产而杀害其他继承人；

（三）遗弃被继承人，或者虐待被继承人情节严重；

（四）伪造、篡改、隐匿或者销毁遗嘱，情节严重；

（五）以欺诈、胁迫手段迫使或者妨碍被继承人设立、变更或者撤回遗嘱，情节严重。

继承人有前款第三项至第五项行为，确有悔改表现，被继承人表示宽恕或者事后在遗嘱中将其列为继承人的，该继承人不丧失继承权。

69. 隐匿遗嘱情节严重的继承人，还能按遗嘱继承遗产吗？

• 案例

甲结婚后，生有一子乙，甲妻因难产去世。甲有存款50万元、商品房一套。甲在得知自己身患重病将不久于人世时，立下遗嘱：1套商品房、存款20万元归其子乙所有，剩余存款30万元归缺乏劳动能力又无生活来源的甲的哥哥丙所有。一个月后，甲去世，在进行遗产分配时，乙故意将先前甲交由其保管的遗嘱藏了起来，导致甲的哥哥丙既无生活来源，又得不到甲遗赠的30万元遗产，其生活更加困苦不堪。那么，乙是否能够继承甲的遗产？

• 结论

乙不能继承甲的所有遗产。

• **分析**

乙为了自身利益故意隐匿被继承人的遗嘱，而且正是乙的隐匿行为侵害了缺乏劳动能力又无生活来源的继承人丙的利益，并造成丙生活困难，属于“情节严重”。乙的行为发生在甲死亡以后，自然无法获得“被继承人表示宽恕”，因此，乙丧失了继承权，不能继承甲的财产。这就意味着，丙依据甲的遗嘱而获得30万元的遗产继承权，遗嘱中原应由乙继承的1套商品房和20万元存款不能再按照遗嘱继承处理，而转为法定继承。在法定继承人中，本案无第一顺序继承人，第二顺序继承人仅有甲的哥哥丙，因此，第二顺序继承人甲的哥哥丙依法获得1套商品房和20万元存款的继承权。

法律依据

《民法典》第一千一百二十五条 继承人有下列行为之一的，丧失继承权：

（四）伪造、篡改、隐匿或者销毁遗嘱，情节严重。

继承人有前款第三项至第五项行为，确有悔改表现，被继承人表示宽恕或者事后在遗嘱中将其列为继承人的，该继承人不丧失继承权。

70. 嗜好网上赌博的儿子胁迫父亲设立遗嘱，他能按遗嘱继承遗产吗?

• 案例

甲曾为某国有企业中层管理人员，有一子一女，家境较富有。儿子乙不务正业，网上赌博成性，对外欠下30余万元债务。乙听说可以以立遗嘱的方式继承其父甲的所有财产，那样便可日后还清所有债务。于是，乙回家要求已经退休的甲立遗嘱，将其所有财产由乙来继承。甲虽不愿意，但还是无奈于乙隔三岔五的谩骂、威胁、恐吓，甲碍于家丑和面子被迫立下遗嘱，将自己的家产全部留给儿子。甲为儿子不孝不义不才而无奈，也悔恨自己将身后财产全部归儿子而对女儿不公，请求女儿谅解。在甲去世后，女儿揭穿了乙逼迫父亲甲立遗嘱的恶劣行为。那么，乙能否按照遗嘱继承甲的所有财产?

• 结论

乙不能继承甲的所有财产。

• 分析

继承人“以欺诈、胁迫手段迫使或者妨碍被继承人设立、变更或者撤回遗嘱”，违背了被继承人设立遗嘱的“真实意思表示”和处分自己财产的意志自由，属于侵害被继承人的人身权益和财产权益的行为，情节严重或者造成严重结果的，丧失继承权，除非事后该继承人“确有悔改表现，被继承人表示宽恕或者事后在遗嘱中将其列为继承人的”，该继承人不丧失继承权。本案中，乙因为好赌又急于得到甲的“遗产”，以谩骂、威胁、恐吓的方式，逼迫甲立遗嘱，符合以胁迫手段迫使被继承人设立遗嘱，且符合情节严重的情形；事后也没有“悔改表现”，并没有获得被继承人甲的宽恕。因此，乙丧失了继承权，不能按照遗嘱继承甲的所有财产。

法律依据

《民法典》第一千一百二十五条 继承人有下列行为之一的，丧失继承权：

（一）故意杀害被继承人；

（二）为争夺遗产而杀害其他继承人；

（三）遗弃被继承人，或者虐待被继承人情节严重；

（四）伪造、篡改、隐匿或者销毁遗嘱，情节严重；

（五）以欺诈、胁迫手段迫使或者妨碍被继承人设立、变更或者撤回遗嘱，情节严重。

继承人有前款第三项至第五项行为，确有悔改表现，被继承人表示宽恕或者事后在遗嘱中将其列为继承人的，该继承人不丧失继承权。

71. 出嫁的女儿能继承父母的遗产吗?

• 案例

王某某夫妇婚后生活幸福美满，生有一子王甲和一女王乙，儿女均已结婚成家，其中王乙嫁到外地。某年春节期间王某某夫妇外出旅游，途中遭遇车祸不幸同时遇难。留下住房一套、存款30万元等遗产。王甲将住房及存款全部据为己有，王甲认为王乙已出嫁，无权分得遗产。王乙要求将财产的一半分给自己。那么，已经出嫁的王乙能分得父母的遗产吗?

• 结论

已经出嫁的女儿王乙有权分得父母的遗产。

• 分析

不论已婚还是未婚，均不改变其与父母之间的血缘关系，不改变他们对父母遗产的继承权利。而且不论是男是女，平等享有继承父母的遗产权利。本案中，王甲以其妹妹王乙已经出嫁为由独吞父母遗产，是以往歧视女性的不正确的观点和做法，于法于理均不能成立。王乙和王甲作为王某某夫妇婚生子女，对王某某夫妇的遗产享有平等的继承权，王乙要求王甲将父母的遗产的“一半分给自己”的主张是合法合理的。

法律依据

《民法典》第一千零七十条 父母和子女有相互继承遗产的权利。

《民法典》第一千一百二十六条 继承权男女平等。

72. 先于被继承人死亡的被继承人的子女原本应当继承的份额，由谁继承？

- **案例**

王某某和李某某是对中年夫妻，生有一子王方（化名）和一女王圆（化名）。王方、王圆都已经结婚，王方有个儿子王小方（化名）。在一次车祸中，王方经抢救无效不幸去世。数年后，王某某因重病住院，不久就在医院去世，王某某留有别克牌小轿车一辆，存款10万和二室一厅的房屋一套。后事处理完毕，家人在如何继承王某某遗产的问题上产生争议，女儿王圆认为王方已经去世，王方的老婆和王方的儿子王小方不能继承王某某的遗产，王某某的遗产应该由她和母亲两人继承；而王方的老婆则认为作为王家的"根"，王小方应当有一份遗产。那么，王小方能继承王某某的遗产吗？

- **结论**

王小方可以按照代位继承制度，代替其先于祖父去世的父亲王方继承祖父王某某的遗产。

- **分析**

被继承人的子女先于被继承人死亡，在被继承人死亡留有遗产时，先于被继承人死亡的那个子女应当继承的份额由其晚辈直系血亲代替其继承。本案中，王某某去世时留有遗产，王某某的法定继承人应该是其妻子李某某、儿子王方和女儿王圆。但儿子王方先于其父亲王某某去世，本该由儿子王方继承的遗产则应由王方的儿子王小方代位继承，所以王小方可以继承王某某的遗产。这样，王某某的遗产应由王某某的妻子李某某、女儿王圆、代位继承人王小方三人来继承。

法律依据

《民法典》第一千一百二十八条 被继承人的子女先于被继承人死亡的，由被继承人的子女的直系晚辈血亲代位继承。

代位继承人一般只能继承被代位继承人有权继承的遗产份额。

73. 丧偶儿媳能继承公婆的遗产吗?

• **案例**

小王跟小李经人介绍相识，数月后双方结婚，婚后一直住在公婆家。小李很热心，与公婆感情良好。婆婆生病住院时，小王的亲哥哥从未去医院看望，而小李每天都在医院照顾她。婆婆出院后，生活不能自理，小李也对婆婆一如既往给予照顾、扶助和宽慰。某日，小王在外出工作时不幸去世，小李处理小王的后事后，仍对公婆一家很照顾。不幸，公婆一次出外游玩时遭遇车祸，双双去世，留有房屋两套，存款30万。在处理遗产时，小王的亲哥哥认为其弟弟小王已经去世，小王与小李没有婚生子女，小李又不是法定继承人，不能继承遗产，所以将二老的住房及存款等财产全部据为己有。小李不服，诉至法院，诉请以自己的名义继承公婆的遗产。小李的诉求能得到法院的支持吗?

• **结论**

丧偶儿媳小李对公婆尽了主要赡养义务，可以作为第一顺序继承人享有对公婆遗产的继承权。

• **分析**

赡养，是指子女或者晚辈对父母或长辈在物质上和生活上的帮助，即在经济上对老人进行扶助、供养，在生活上与老人共同生活，经常照料、伺候老人，关心、体贴老人。法律规定丧偶儿媳对公婆，丧偶女婿对岳父母，尽了主要赡养义务的，作为第一顺序继承人，既体现了权利义务相一致的公平价值观，又倡导和鼓励家庭成员之间的互助互爱精神。本案中，小李作为丧偶儿媳，在丧偶前后一直给予公婆物质上的赡养、日常生活中的扶助和精神上的慰藉，相比较小王的亲哥哥来说，小李尽了主要赡养义务。所以小李可以作为第一顺序继承人，享有对公婆遗产的继承权，而且还应当适当多分。

法律依据

《民法典》第一千一百二十九条 丧偶儿媳对公婆，丧偶女婿对岳父母，尽了主要赡养义务的，作为第一顺序继承人。

74. 法定继承人继承遗产，都是均分的吗？

• 案例

郭大爷女儿5年前病故，女婿甲仍然一直与郭大爷共同生活，照顾郭大爷的生活起居、生病护理，也抚养自己的孩子乙。郭大爷继子丙虽然与其无扶养关系，但也不时从外地回来探望。郭大爷还有一丧失劳动能力的养子丁。后来郭大爷因病去世，留有房屋、存款、收藏品等遗产近百万元。郭大爷遗产应该由哪些人继承？如何分割？

• 结论和分析

甲、乙、丁是郭大爷遗产的法定继承人，且属于同一顺序，丙不是郭大爷遗产继承人。同一顺序继承人继承遗产的份额，一般应当均分。本案中遗产分割时是否均分，则视甲、乙、丁各继承人与郭大爷的亲属关系、对郭大爷赡养情况以及自身劳动能力状况等而区别对待。

（1）甲对岳父母尽了主要赡养义务，可以适当多分。甲为丧偶女婿，对郭大爷尽了主要赡养义务，为第一顺序法定继承人，且因其对被继承人尽了主要扶养义务，分配遗产时，可以多分。

（2）乙代位继承。郭大爷的女儿先于郭大爷死亡，乙为郭大爷女儿的晚辈直系血亲，故乙为代位继承人，在继承中作为第一顺序法定继承人。

（3）丙不是法定继承人。为郭大爷的继子，双方不存在扶养关系，虽然丙偶有回来探望郭大爷，但偶尔的探望不等于赡养，所以可以不给丙分遗产。

（4）丁应当适当获得照顾。丁与郭大爷之间存在收养关系，丁为第一顺序法定继承人，且因丁丧失了劳动能力，分配遗产应当予以照顾，可适当多分。

可见，法定继承中各继承人并非均分分得遗产。

法律依据

《民法典》第一千一百三十条 同一顺序继承人继承遗产的份

额，一般应当均等。

对生活有特殊困难又缺乏劳动能力的继承人，分配遗产时，应当予以照顾。

对被继承人尽了主要扶养义务或者与被继承人共同生活的继承人，分配遗产时，可以多分。

75. 无扶养协议的邻居对被继承人较多扶养照顾，能适当分得遗产吗?

• 案例

甲身体不适，去医院被确诊为癌症晚期，甲的妻子乙在甲住院之初尚能尽妻子之责，但见甲的病情没有任何好转后，便改变了态度，不再对甲进行照料，医疗费用也不及时支付。无奈之下，甲的同学丙与甲的邻居丁商议由甲的同学丙和甲的邻居丁轮流帮忙照料甲。丁念及与甲邻居多年，而且甲现在面临健康、家庭双重压力，便担负了对甲更多的照料。一年半后甲不幸去世，留有百余平方米住房一套和12万元存款。因甲未立遗嘱，在对甲的遗产分割时，甲的同学丙提出应当适当分给邻居丁一份财产，遭到甲的妻子乙的指责和拒绝。可以将甲的遗产分给与被继承人无关的邻居丁吗?

- **结论**

可以将甲的遗产适当分给对甲尽到了扶养照顾责任的邻居丁。

- **分析**

继承人以外的人虽然与被扶养的人之间不存在继承关系，但基于约定或事实上的扶养照顾的付出，在分割被继承人遗产时，给与其一定的份额，符合权利与义务相一致的法律原则，符合友爱互助的社会主义核心价值观。本案中，邻居丁在甲病重、无人照顾期间，在长达一年半的时间里，对甲在生活上和精神上扶助，属于继承人以外的对被继承人扶养较多的人，甲的遗产管理人有义务分给丁一定份额的遗产。丁有权请求分给适当的遗产。

法律依据

《民法典》第一千一百三十一条　对继承人以外的依靠被继承人扶养的人，或者继承人以外的对被继承人扶养较多的人，可以分给适当的遗产。

76. 养子先于被继承人死亡，养孙子女能代位继承祖母的遗产吗？

• 案例

王女士因身体原因常年单身，某年去孤儿院收养了养子小王。多年后，小王不幸病逝，留下了妻子小李和女儿小小王。又过了几年，王女士外出游玩时遭遇不幸，经抢救无效身亡，留下一处房产与现金10多万元。王女士的父母早已不在，除了养孙女小小王外，就只有弟弟小壮一个亲人了。弟弟小壮认为在没有遗嘱的情况下，遗产继承将按照法定继承办理而自己是王女士唯一的亲人，所以有权继承王女士的遗产。但是，如果养孙女小小王能代位其父亲继承王女士的遗产的话，那么作为第二顺序继承人的小壮还享有继承权吗？

• 结论

养孙女小小王可以代位其父亲小王继承王女士的遗产，而王女士的弟弟则无权继承。

• 分析

父母和子女有相互继承遗产的权利，这里的父母、子女包括养父母、养子女，他们之间相互享有继承遗产的权利。被继承人的子女先于被继承人死亡的，由被继承人的子女的直系晚辈血亲代位继承。在被继承人的养子女先于被继承人死亡的情况下，被继承人的养子女的直系晚辈血亲也应该享有代位继承的权利。

本案中，养子小王与王女士有拟制的血亲关系，小王作为王女士的继承人先于王女士去世，小小王是王女士的养子小王亲生女儿，是王女士的养孙女。所以根据《民法典》第一千一百二十八条的规定，小王的直系晚辈血亲也就是养孙女小小王享有代位继承的权利。因此本案中，当小小王代位继承王女士的遗产时，整个遗产就由小小王代位本是第一顺序继承人的小王继承了，作为第二顺序继承人的王女士的弟弟小壮就不享有继承权了。

法律依据

《民法典》第一千一百二十八条 被继承人的子女先于被继承人死亡的，由被继承人的子女的直系晚辈血亲代位继承。

77. 姨侄儿能代位亡故的母亲继承无后的姨妈的遗产吗？

- **案例**

刘阿姨和老伴未曾育有儿女，分别送走自己的双方父母后，相依为命。二老在县城经营土特产生意，受已经亡故的姐姐所托，刘阿姨雇请姐姐家的儿子张某某帮自己照顾生意。刘阿姨和老伴经常结伴旅游休闲，一次旅游途中，二老车祸当场身亡。二老留有在县城的门面房一间、住房一套、土特产物品若干、存款40万余元，总价值约200万元。二老的遗产该如何处理呢？

- **结论**

二老中，刘阿姨的遗产由先于刘阿姨死亡的姐姐家的儿子张某某代位继承，刘阿姨老伴的遗产属于无人继承遗产，归国家或集体所有并用于公益目的。

- **分析**

我国相关法律规定，“相互有继承关系的几个人在同一事件中死亡，如不能确定死亡先后时间的，推定没有继承人的人先死亡。死亡人各自都有继承人的，如几个死亡人辈分不同，推定长辈先死亡；几个死亡人辈分相同，推定同时死亡，彼此不发生继承，由他们各自的继承人分别继承。”本案中，刘阿姨与其老伴相互有继承关系，辈分相同，可以推定同时死亡，此时他俩之间不发生继承关系，他们的遗产由各自的继承人继承。刘阿姨和老伴的父母已故，未育有儿女，相互之间不继承遗产，因此就不存在第一顺序继承人继承的情况。在第二顺序继承人中，刘阿姨曾有一个姐姐，刘阿姨老伴则无第二顺序继承人。据此，刘阿姨老伴的百万元遗产属于无人继承遗产，归国家或集体所有并用于公益目的。而刘阿姨的姐姐先于刘阿姨死亡，并留下一儿子张某某。根据《民法典》第一千一百二十八条的规定，刘阿姨姐姐家的儿子张某某可以代位其母亲继承刘阿姨的百万元遗产。

法律依据

《民法典》第一千一百二十八条 被继承人的子女先于被继承人死亡的，由被继承人的子女的直系晚辈血亲代位继承。

被继承人的兄弟姐妹先于被继承人死亡的，由被继承人的兄弟姐妹的子女代位继承。

代位继承人一般只能继承被代位继承人有权继承的遗产份额。

78. 立遗嘱剥夺曾虐待自己却又残疾的继承人的继承权，这份遗嘱有效吗？

- **案例**

段大娘有两个儿子，段大娘主要由大儿子赡养，她已经有十年没进过小儿子的家门了。原因是12年前，段大娘和老伴住在小儿子家时，小儿子对老人总是冷言冷语、冷菜冷饭。两年后，段大爷在抑郁中去世，段大娘再也无法忍受小儿子的冷遇，索性搬到大儿子家长住下来。不久后，小儿子在一次车祸中落下了终身残疾，生活难有保障。段大娘虽然难过，但是还是无法原谅小儿子。段大娘决定立下遗嘱把全部财产留给大儿子。该遗嘱是否有效？

- **结论**

段大娘遗嘱中剥夺无劳动能力、生活难有保障的小儿子的继承权，这部分无效。

- **分析**

保障无劳动能力、生活难有保障的继承人的继承权是继承法对特殊群体的特别保护，也是遗嘱人的义务。最高人民法院《关于贯彻执行〈中华人民共和国继承法〉若干问题的意见》规定，遗嘱人未保留缺乏劳动能力又没有生活来源的继承人的遗产份额的，遗产处理时，应当为该继承人留下必要的遗产，所剩余的部分，才可参照遗嘱确定的分配原则处理。如果遗嘱人在设立遗嘱时，没有给特定的法定继承人保留一定遗产，那么相应部分的处分无效。本案中，段大娘所立下的遗嘱虽然是真实的意思表示，但是由于其小儿子经历了一场车祸，落下终身残疾，失去了劳动能力，生活难有保障，遗嘱人应当为其留有适当的份额，而不能“清零”。因此，段大娘虽然在遗嘱中将“全部财产留给大儿子”，但在遗产分割时，应当为小儿子留下必要的遗产，所剩余的部分，才可参照遗嘱确定的分配原则处理。

法律依据

《民法典》第一千一百四十一条 遗嘱应当为缺乏劳动能力又没有生活来源的继承人保留必要的遗产份额。

79. 遗嘱人立有数份形式不同且内容相抵触遗嘱的，该如何处理？

• **案例**

张某丧偶后独自将二子一女抚养长大。在最小的儿子已成家立业以后，张某自书遗嘱，将自己所有的财产都分给两个儿子，签上自己的姓名和日期。后来因与儿子不和，又见女儿颇有孝心，即到公证处另行办了一份公证遗嘱，言明将自己的财产由三个子女均分。后来张某在病重住院期间，因小儿子照顾周到，又私下由小儿子代写遗嘱，将自己财产的一半分给小儿子，余下的再由大儿子和女儿平分，张某亲笔签名。之后，张某病故，对于张某的遗产，子女三人产生争议。大儿子要求按第一份遗嘱分割遗产，女儿要求按公证遗嘱分割遗产，小儿子则要求以最后一份遗嘱分割财产。那么，应按哪份遗嘱执行呢？

• **结论**

应当按照公证遗嘱的内容来执行，张某的财产由三个子女均分。

• **分析**

遗嘱的形式和内容是遗嘱人生前处分自己死后财产的意思自治，但遗嘱人的遗嘱意思自治必须符合遗嘱本身的有效要件。本案中，张某分别立了自书遗嘱、公证遗嘱和代书遗嘱，而且这三份遗嘱的形式不同，内容各异。首先，从这三份遗嘱的法律效力来看，第一份、第二份遗嘱符合自书遗嘱和公证遗嘱的有效要件。第三份遗嘱是代书遗嘱，依据《民法典》第一千一百三十五条规定的代书遗嘱生效的形式要件，该份遗嘱没有“两个以上见证人在场见证”，也缺少“代书人”的签名和日期，因此不符合代书遗嘱的形式要件，不能生效。从得以生效的自书遗嘱、公证遗嘱的时间看，自书遗嘱在先，公证遗嘱在后，依法应当执行公证遗嘱，即“张某的财产由三个子女均分”。

法律依据

《民法典》第一千一百三十五条 代书遗嘱应当有两个以上见证人在场见证，由其中一人代书，并由遗嘱人、代书人和其他见证人签名，注明年、月、日。

《民法典》第一千一百四十二条 遗嘱人可以撤回、变更自己所立的遗嘱。

立有数份遗嘱，内容相抵触的，以最后的遗嘱为准。

80. 可以用打印的遗嘱处理自己的遗产吗？

- **案例**

王一和孙甲经人介绍认识并结婚，孙乙、孙丙、孙丁系孙甲的子女，系王一的继子女。孙甲于婚后 5 年因病去世。位于武汉市武昌区的房屋系王一和孙甲在婚姻关系存续期间取得。孙甲在得知自己患病后便立下了自书遗嘱一份，遗嘱内容为全部遗产由其妻子王一继承。一年后，孙甲认为以前的遗嘱不妥，便留有其签名并注明年月日的打印遗嘱一份，指明自己死后遗产由王一、孙乙、孙丙和孙丁四人平分。为了以防万一，打印遗嘱时孙甲特意邀请了村主任吴发春、村民陈宁和白静作为见证人，并请他们在打印遗嘱每页的见证人处签名，标注了日期。孙甲死后，王一和其三个继子女发生争议。王一怀疑打印遗嘱的有效性，请求法院根据第一份遗嘱执行。法院应根据哪份遗嘱来分割遗产呢？

- **结论**

法院应该驳回王一的诉讼请求，执行孙甲的打印遗嘱，判决遗产由王一和其三个继子女均分继承。

- **分析**

无论是自书遗嘱、代书遗嘱、公证遗嘱，还是打印遗嘱，都是法律允许遗嘱人生前用以处分自己死后财产的法律形式。每种形式的遗嘱都必须符合法律要求的形式要件和实质要件。就打印遗嘱来说，其必须符合以下要件：（1）遗嘱人必须具有处分财产的民事行为能力；（2）打印遗嘱必须是遗嘱人的真实意思表示；（3）打印遗嘱时必须要有两个以上的见证人在场见证；（4）遗嘱人和见证人必须要在遗嘱每一页签名，并且注明年、月、日。本案中，孙甲打印遗嘱是在自己头脑清醒、没有受到任何胁迫或者其他危险情况下对自己财产作出处分的真实的意思表示，为了保险起见，孙甲还特地邀请了吴发春和陈宁、白静三位见证人到场见证，并且孙甲和三位见证人都在遗嘱的每一页上签名、标注了具体日期，完全符合打印遗嘱的有效要件，所以该打印遗嘱也同样有效。遗嘱人立有数份遗嘱，内容相抵触的，以最后的遗嘱为准。由于打印遗嘱有效且发生在自书遗嘱之后，所以法院应当以孙甲最后所立的打印遗嘱为准，驳回王一的诉讼请求，孙甲的遗产由王一和三个继子女均分继承。

法律依据

《民法典》第一千一百三十六条　打印遗嘱应当有两个以上见证人在场见证。遗嘱人和见证人应当在遗嘱每一页签名，注明年、月、日。

《民法典》第一千一百四十二条　立有数份遗嘱，内容相抵触的，以最后的遗嘱为准。

81. 遗嘱人在重症手术之前的口头遗嘱，是否具有法律效力？

• 案例

苏某身体不适被查出患有癌症，他担心自己活不久，便立下了一份遗嘱，内容为全部遗产由妻子继承。苏某弟弟听说苏某生病，时常来探望和关心苏某，陪同苏某各地求医，苏某备受感动。一年后，苏某病情越来越严重，在进手术室前，担心自己下不了手术台，便邀主治医生吴某、陪同护士林某和李某为见证人立下口头遗嘱，指定遗产由妻子、弟弟均分。苏某在手术中去世。后苏某妻子和苏某弟弟由于遗产分割产生纠纷。请问应以哪份遗嘱为准呢？

• 结论

应按照苏某的口头遗嘱执行，即苏某的全部遗产由妻子和弟弟均分。

• 分析

有效的口头遗嘱应当具备以下四个要件：（1）遗嘱人必须是处在情况危急的时刻。在本案中，苏某因患癌症需进行手术，生死未卜，该情势符合情况危急时刻。（2）遗嘱人立遗嘱时必须具有民事行为能力。苏某虽患癌症，但是头脑仍然清醒，立遗嘱是在手术前，他知道说什么内容、需要两个以上见证人等。由此可见，遗嘱人苏某仍具有民事行为能力。（3）应当有两个以上的见证人在场见证。苏某在立遗嘱时曾邀请主治医生吴某和陪同护士林某、李某作为见证人，同时三位见证人都和苏某无任何关系，具备遗嘱见证人的条件。这三位见证人在场，符合该要件。（4）遗嘱人要以口述的形式表示其处理遗产的真实意思。从本案的情况来看，遗嘱人苏某确实以口述的形式，同时在具有民事行为能力且没有任何人胁迫、威胁的情况下立下遗嘱，说明遗产的处理是苏某的真实意思表示。

由此可见，苏某所立的口头遗嘱是有效的，而且这是苏某就自己遗产继承所立的第二份也是最后一份有效遗嘱。法院应当执行苏某的口头遗嘱，遗产由苏某妻子和苏某弟弟均分继承。

法律依据

《民法典》第一千一百三十八条 遗嘱人在危急情况下，可以立口头遗嘱。口头遗嘱应当有两个以上见证人在场见证。危急情况消除后，遗嘱人能够以书面或者录音录像形式立遗嘱的，所立的口头遗嘱无效。

82. 夫妻一方可以通过遗嘱处分夫妻共有的房产吗?

• 案例

张老汉夫妇有一个儿子和一个女儿,儿女都已成家并且自己买了房子。张老汉的妻子一年前不幸去世,张老汉一人仍居住在张老汉夫妇自己买的两居室里。某日,张老汉亲笔书写了一份遗嘱(有本人签名和日期),内容是指定由儿子继承自己的房产。两年后,张老汉身患重病,住院期间女儿照顾无微不至,张老汉感到既高兴又懊悔,于是打算改变原来的遗嘱,给女儿部分遗产。张老汉请医生和律师现场见证并制作了代书遗嘱,指定房产由女儿一人继承。张老汉去世后,儿女各执一份遗嘱主张继承。请问张老汉的房产该如何分配?

• 结论

房产应由女儿继承,但是女儿应付给其哥哥应得的份额。

• 分析

张老汉夫妇所居住的房屋是张老汉的夫妻共同财产,张老汉妻子在去世时由于没有立遗嘱,所以属于张老汉妻子一半的房产应该适用法定继承,由张老汉、儿子和女儿三人共同继承,即三人各得张老汉妻子房产份额的六分之一。此时该房产上,张老汉拥有三分之二份额、儿子拥有六分之一份额、女儿拥有六分之一份额。因此,张老汉遗嘱处分的只是属于他的这三分之二的份额。进一步看,遗嘱人立有数份遗嘱,内容相抵触的,以最后的遗嘱为准。张老汉在生前立了两份内容相抵触的遗嘱，根据法律规定，应当按照最后所立的遗嘱执行，即张老汉的房产份额由女儿一人继承。这样，女儿对该房产的份额包括按遗嘱继承的三分之二的份额，加上自己法定继承母亲的六分之一的房产份额，总共拥有该房产六分之五的份额。可见，房产应由女儿继承，但是应当减去张老汉儿子应得六分之一的份额。

法律依据

《民法典》第一千一百四十二条 立有数份遗嘱，内容相抵触的，以最后的遗嘱为准。

《民法典》第一千一百五十三条 夫妻共同所有的财产，除有约定的外，遗产分割时，应当先将共同所有的财产的一半分出为配偶所有，其余的为被继承人的遗产。

遗产在家庭共有财产之中的，遗产分割时，应当先分出他人的财产。

83. 未经邀请却见证了立遗嘱过程和内容的人，可以成为遗嘱见证人吗?

• **案例**

甲年过七旬，担心自己健康和财产分配，便书写了一份遗嘱（签有自己的姓名和日期），内容为自己的全部遗产由儿子、女儿各继承一半。过了两年甲患重病住院，在住院期间，甲的女儿在医院精心照顾，甲的儿子却对甲不闻不问，甲很伤心。于是邀请村主任乙为见证人并帮忙代为书写遗嘱，指定自己的财产全部由女儿继承，恰巧村主任乙的儿子丙中考结束在家，跟随乙来看望甲，也在场听到了甲代书遗嘱的全部内容。半年后，甲因病去世。甲的女儿和儿子关于遗嘱产生争议。那么应按照哪份遗嘱执行呢?

• **结论**

应当按照第一份自书遗嘱执行，甲的遗产由其儿子和女儿各继承一半。

• **分析**

甲邀请了村主任乙作为见证人和代书人，立下了代书遗嘱，是事实，但是根据相关法律的要求，代书遗嘱必须有两个以上见证人。尽管乙的儿子丙恰巧在场听到了遗嘱的全部内容，但是由于丙未受到当事人甲的邀请，即使具有“在场性”，但他不具有代书遗嘱的外在委托和内在“见证”意志，因此，丙不具备遗嘱见证人的资格。从另一个角度看，本案中“丙刚中考结束”，可见，丙还是一位限制民事行为能力人，更不符合遗嘱见证人的资格。所以甲在立代书遗嘱时只有一位见证人乙在场见证，不符合代书遗嘱的有效要件。因此，应当按照第一份自书遗嘱执行，甲的遗产由其儿子和女儿各继承一半。

法律依据

《民法典》第一千一百三十五条　代书遗嘱应当有两个以上见证人在场见证，由其中一人代书，并由遗嘱人、代书人和其他见证人签名，注明年、月、日。

《民法典》第一千一百四十条　下列人员不能作为遗嘱见证人：

（一）无民事行为能力人、限制民事行为能力人以及其他不具有见证能力的人；

（二）继承人、受遗赠人；

（三）与继承人、受遗赠人有利害关系的人。

84. 被篡改的遗嘱无效吗?

• 案例

李铁(化名)早年丧偶,退休后开了个玩具店,由于商店地处闹市区,生意相当红火,几年下来攒了不少钱。小儿子李立(化名)很早便去美国生活,很少回来,大儿子李建(化名)则留在家中照顾父亲。5年后李铁因病去世,由于事发突然,李立未能及时赶回来,哥哥李建在办理父亲丧事时,无意发现父亲的遗嘱,遗嘱上说到自己的玩具店门面房由大儿子李建继承,其余现金全部由小儿子李立继承。李建认为自己在家照顾父亲,没有功劳也有苦劳,而李立却常年在外,对父亲没有尽到赡养义务,这样分遗产不公平。于是李建趁着弟弟回来之前偷偷篡改了遗嘱,给自己增加了14万元现金的继承权。几天后弟弟李立赶了回来,看到了父亲的遗嘱,怀疑其真实性和完整性,与哥哥李建发生了争执。请问该份遗嘱是否有效?

• 结论

这份遗嘱仅被篡改的14万元现金部分无效,其余内容均有效。

• 分析

篡改遗嘱,往往是遗嘱人以外的人对原遗嘱进行了修改、删减、补充等,这部分被篡改的内容已经不是遗嘱人的真实意思,应当无效;但原遗嘱中未被篡改的内容仍然是遗嘱人的真实意思表示，原处置财产的意思和效力不能因为遗嘱被部分篡改而全部无效。在本案中，大儿子李建故意篡改了父亲李铁留下的遗嘱，在遗嘱中为自己增加了14万元现金的继承权，这一内容是无效的，即李建不能依“被篡改后”的遗嘱获得被继承人14万元的遗产。但李建篡改遗嘱的行为并不影响整份遗嘱的有效性，李铁遗产分割还是按照原来的遗嘱执行，即李建仍然可以获得遗嘱内容确定的玩具店门面房的继承权，现金归小儿子李立继承。

法律依据

《民法典》第一千一百四十三条 遗嘱必须表示遗嘱人的真实意思，受欺诈、胁迫所立的遗嘱无效。

伪造的遗嘱无效。

遗嘱被篡改的，篡改的内容无效。

85. 遗嘱人生前卖掉了遗嘱中已被确定归属的房屋，该房屋如何继承？

- **案例**

身患重病的陶某立下遗嘱，表示自己的现金和在县城的住房由妻子赵某和儿子陶小某继承，而县城的门面房则由陶某弟弟继承。但是由于陶某病情的逐渐恶化，家里所有的积蓄都用在了给陶某治病上。一天陶某趁着自己头脑清醒的时候，让妻子将自己在县城的门面房卖掉用来维持生活，陶某的妻子照做了。1 年以后陶某去世，陶某弟弟在准备继承门面房时被告知该房产已经被陶某的妻子卖掉了，于是陶某弟弟将陶某的妻子告上法庭，要求支付门面房对价。法院会支持陶某弟弟的诉讼请求吗？

• 结论

法院应当驳回陶某弟弟的诉讼请求。

• 分析

遗嘱人撤销、变更自己所立的遗嘱；立遗嘱后，遗嘱人实施与遗嘱内容相反的民事法律行为等，体现了遗嘱人处分自己财物的真实意愿，应该得到社会和遗嘱继承人的尊重。本案中陶某虽然在先前就已立下遗嘱——自己的门面房由陶某弟弟来继承，但是在陶某死亡之前，这份遗嘱还未生效，也就是说门面房仍然属于陶某所有的财产，而不是遗产。陶某为了自己和家人的生活，将遗嘱中确定归属的某处房产变卖，这是陶某处分自己物权的合法行为，该行为是有效的。

法律依据

《民法典》第一千一百四十二条 遗嘱人可以撤回、变更自己所立的遗嘱。

立遗嘱后，遗嘱人实施与遗嘱内容相反的民事法律行为的，视为对遗嘱相关内容的撤回。

86. 遗嘱中所附的赡养义务未履行，该遗嘱如何继承呢?

• 案例

周发财（化名）年轻时爱好喝酒赌博，对自己的妻子和儿女关心甚少，甚至在喝醉后还经常打骂他们，因此周发财的儿女长大后对父亲漠不关心。后来周发财的妻子因病过世，其女儿便不再回老家。周发财担心自己年老后无人照顾，便以立遗嘱为由将儿女叫回家，周发财在遗嘱中写道："我的财产有青云路房产一套、现金 30 万元，在我死后，这些财产归养我到死的人，否则这些遗产便捐给夕阳红养老院。"然而周发财的儿女却认为该份遗嘱没有意义，自己是周发财的法定继承人，有权在周发财死后继承他的财产。于是他们仍然不管不顾周发财，最终周发财坠楼去世。其儿女回来继承财产时被告知该份遗产已归夕阳红养老院。周的儿女将养老院告上法庭，要求返还财产。请问法院该如何处理?

• 结论

法院应当驳回周发财儿女的诉讼请求，遗产将遗赠给夕阳红养老院。

- **分析**

遗嘱继承或者遗赠体现了当事人处分自己财产的意志，继承开始后，遗嘱继承或者遗赠优先于法定继承执行。本案中，尽管周发财的儿女是法定继承人，但是由于周发财立了遗嘱，所以他的遗产分配应以所立的遗嘱为准。但是，如果遗嘱继承或者遗赠附有义务的，继承人或者受遗赠人应当履行义务。没有正当理由不履行义务的，经利害关系人或者有关组织请求，人民法院可以取消其接受附义务部分遗产的权利。本案中，周发财在立遗嘱时附设了相互关联的两个条件：其一“谁养老谁就能继承这些财产”，然而遗嘱继承人周发财儿、女应该履行赡养义务也能够履行赡养义务却没有履行赡养义务，人民法院完全可以取消周发财儿女继承遗产的权利。其二“若无人赡养，则该份财产便捐赠给夕阳红养老院”，此时夕阳红养老院获得了遗产继承的可能性；对周发财负有赡养义务者不履行赡养义务时，夕阳红养老院这个“法定继承人以外的组织”便实际地拥有受赠周发财遗产的资格了。

法律依据

《民法典》第一千一百二十三条 继承开始后，按照法定继承办理；有遗嘱的，按照遗嘱继承或者遗赠办理；有遗赠扶养协议的，按照协议办理。

《民法典》第一千一百四十四条 遗嘱继承或者遗赠附有义务的，继承人或者受遗赠人应当履行义务。没有正当理由不履行义务的，经利害关系人或者有关组织请求，人民法院可以取消其接受附义务部分遗产的权利。

87. 婚后通过遗嘱处分婚前财产，能按该遗嘱继承吗？

• 案例

梁某和陆某经人介绍相识，相爱 2 年后结婚。婚后，梁某用自己婚前所挣的钱全款买了一套三居室房子，且房产登记的是梁某一人的名字。由于梁某经常在外地出差，两人结婚 3 年仍无子女。陆某不甘寂寞有了外遇，梁某知道后，被气成重病。梁某伤感之余立下遗嘱：梁某用婚前财产购买的三居室房产归自己父母所有。1 年后，梁某因心脏病去世。陆某要求继承财产——包括梁某婚后购买的三居室房产，理由是房子是在她和梁某结婚后买的，应当属于夫妻共同财产，她有权继承。为此陆某和梁某的父母发生矛盾，请问该房产应该归谁？

• 结论

梁某遗嘱有效，该房产应归梁某的父母所有。

• 分析

一方的婚前财产为夫妻一方的财产。本案中，梁某虽是婚后买的房子，但是用自己的婚前财产全款购买的，且房产证上只登记了自己的名字，这仅仅只是梁某原有财产价值存在形态发生了变化，其产权归属当然不会由婚前个人财产转变为夫妻共同财产。既然房子是梁某的个人财产，梁某在处分该房产就不需经过陆某的同意。梁某在遗嘱中对婚前财产的处分是有效的。根据该遗嘱的内容，该房产应当归梁某的父母所有。

法律依据

《民法典》第一千一百三十三条 自然人可以立遗嘱将个人财产指定由法定继承人中的一人或者数人继承。

88. 遗赠扶养协议与遗嘱相矛盾，该依哪个协议处理遗产？

• 案例

姜某、丁某因身体原因结婚多年未生育子女，60岁时两人便与姜某的侄子姜某某签订遗赠扶养协议：姜某某负责其日常生活的照顾以及死后的安葬，两位老人将自己所有的一套房屋在死后赠与姜某某所有。后姜某某按照约定履行了自己的扶养义务。2 年后丁某意外去世，其遗产并未分割，房屋继续由法定继承人姜某居住。3 年后姜某与方某登记结婚，婚后亦未生育子女，后姜某立下遗嘱将自己所有财产在去世后全部交由方某继承。姜某去世后，姜某某与方某就姜某名下房屋的继承产生纠纷。请问该房屋由谁继承？

- **结论**

按照遗赠扶养协议，该房产归姜某某所有。

- **分析**

遗赠扶养协议是相互附有条件的有偿、双务协议，扶养人承担遗赠人生养死葬的义务，并于遗赠人死后取得相应遗产，不仅体现了遗赠人生前处分自己死后财产归属的自由意志，而且体现了当事人之间的权利义务一致性的法治精神，其法律效力高于遗嘱继承和法定继承。本案中，姜某某与姜某、丁某签订的遗赠扶养协议是双方当事人的真实意思表示，合法有效，同时，姜某某也按协议约定的内容履行了扶养丁某、姜某的义务。但姜某与方某结婚后，又立遗赠协议，将该房屋遗赠给方某，这是无效的，因为姜某在这份遗赠协议中处分的房屋已经不是姜某本人享有完全所有权的房产了。所以，按照遗赠扶养协议，该房产归姜某某所有。

法律依据

《民法典》一千一百二十三条 继承开始后，按照法定继承办理；有遗嘱的，按照遗嘱继承或者遗嘱办理；有遗赠扶养协议的，按照协议办理。

89. 自愿放弃继承权的法定继承人可以担任遗嘱见证人吗？

- **案例**

许某和蔡某甲系夫妻关系，两人共生育两女一儿，其中儿子为蔡某乙。2 年前，蔡某甲写下了一份自书遗嘱，遗嘱中载明其名下的房产及 20 万元的现金由三个子女均分。由于蔡某乙在外地的生意做得很好，所以蔡某乙明确放弃了继承财产的权利。蔡某甲认为大女儿的生意也十分红火，只有二女儿日子过得有些拮据。后来蔡某甲请放弃继承权的蔡某乙代为书写，并与村民吴一共同为见证人，代书遗嘱：其全部财产由二女儿继承并签名、标注日期。1 年后，蔡某甲去世，大女儿回来准备继承父亲遗产，却被告知父亲没有给她留下任何财产。大女儿又得知自己的弟弟蔡某乙为见证人，便认为该遗嘱无效，要求按第一份遗嘱重新分割遗产。自愿放弃继承权的法定继承人可以担任遗嘱见证人吗？蔡某甲的遗产该如何继承？

- **结论**

父亲蔡某甲所立的代书遗嘱无效，按照自书遗嘱来分割遗产。

- **分析**

本案中的蔡某乙由于已经自愿放弃了继承遗产的权利，自然不能算是继承人，但是蔡某乙和继承人是姐弟关系，是继承人的近亲属，与其他继承人有着直接的利害关系，根据法律的规定，不能作为遗嘱见证人。这样蔡某甲在立遗嘱时的见证人实则只有一人，不符合代书遗嘱的有效要件，代书遗嘱无效，蔡某甲的遗产应当根据前一份遗嘱即自书遗嘱来分割遗产，蔡某甲的遗产就应该由蔡某甲的大女儿、二女儿二人均分。

法律依据

《民法典》第一千一百四十条 下列人员不能作为遗嘱见证人：

（一）无民事行为能力人、限制民事行为能力人以及其他不具有见证能力的人；

（二）继承人、受遗赠人；

（三）与继承人、受遗赠人有利害关系的人。

90. 无民事行为能力人立完遗嘱后恢复民事行为能力，遗嘱有效吗？

• **案例**

叶某年轻时受过很大的刺激，导致他患有精神分裂症。叶某的儿子叶小某和女儿叶某甲便将他轮流带回家细心照顾。一天，叶某目睹别人立遗嘱，他便回家当着儿子的面也立了一份遗嘱，遗嘱内容为自己的全部财产由儿子继承，并照着别人的样子，也在遗嘱上签了名并且标明了年月日。2 年后，叶某在医院的治疗下，病情逐渐好转，精神恢复了正常。叶某甲在整理父亲财物时，发现了这份遗嘱，便去找叶某和叶小某对质。叶小某声称这是父亲的真实意思表示，并有叶某在遗嘱上签名和标注的日期；而且现在父亲叶某也已经恢复了正常，同意了这份遗嘱，所以这份遗嘱是有效的。但叶某甲则认为这份遗嘱无效，父亲当时精神还未正常，不具有完全民事行为能力。该遗嘱具有法律效力吗？

• **结论**

该份遗嘱无效。

• **分析**

叶某虽通过遗嘱，对今后的财产做出安排，并在遗嘱上签名和标明日期，但是当时他属于“患有精神分裂症”且尚未治愈的人，此时，他不能辨别自己行为的性质、结果，也不能控制自己的行为做还是不做，在法律上，他所立的遗嘱是无效的。即使其本人后来恢复了行为能力，追认该遗嘱为其真实的意思表示，那也要按照遗嘱形式要件和实质要件，重新立遗嘱，而先前那份遗嘱仍属无效遗嘱，所以本案中叶某所立的遗嘱无效。叶某可重新订立遗嘱处分财产；也可不立遗嘱，日后叶某的遗产按照法定继承来分割财产。

法律依据

《民法典》第一千一百四十三条 无民事行为能力人或者限制民事行为能力人所立的遗嘱无效。

最高人民法院《关于贯彻执行〈中华人民共和国继承法〉若干问题的意见》第四十一条 遗嘱人立遗嘱时必须有行为能力。无行为能力人所立的遗嘱，即使其本人后来有了行为能力，仍属无效遗嘱。

91. 一起生活的继子女能继承继父的遗产吗？

- **案例**

王子（化名）与李凤（化名）婚后生有一子王牧（化名）。李凤是再婚的，携与前夫所生女严某某一起在王子家生活，严某某与王牧同一个学校读书。但严某某抚养费仍然由其生父给付。后王子外出打工的时候不幸遇上事故，不治身亡。李凤的女儿严某某能继承王子的遗产吗？

- **结论和分析**

李凤的女儿严某某不享有对继父王子的遗产继承权。《民法典》第一千零七十二条规定，继父或者继母和受其抚养教育的继子女间的权利义务关系，适用本法关于父母子女关系的规定。继父母子女关系比照父母子女关系的前提是继父母与继子女之间形成"抚养教育关系"。本案中，继女严某某在王子处居住，但生活费用是其生父给付，生母照顾，与王子之间并未形成抚养教育关系，因此，她对王子的遗产不享有继承权。

法律依据

《民法典》第一千零七十二条 继父或者继母和受其抚养教育的继子女间的权利义务关系，适用本法关于父母子女关系的规定。

92. 父子在突发事件中相继离世，后去世的儿子的遗产如何分割？

- **案例**

小明与小蔡结婚后仍然和父母生活在一起。小明在矿区作业中遭遇事故，身受重伤，入院抢救。父亲惊闻小明严重伤情后，因过于伤心、紧张突发心梗去世。两天后，小明也因伤势过重离世。小明父亲生前留有较多存款，按照法定继承小明可以继承父亲遗产40万元。但由于小明与父亲去世的时间间隔较近，整个遗产尚未实际分割，小明母亲和其妻小蔡因小明应继承的40万元发生纠纷。那么小明这40万元的遗产依法该如何分割呢？

• **结论**

小明这40万元的遗产属于小明、小蔡的婚后共同财产，分解出其中属于小明的个人财产部分后，由小明母亲和小明妻子小蔡按法定继承处理。

• **分析**

小明在其父去世至遗产尚未分割前去世，小明按照法定继承应该继承的40万元份额，包括两个部分。小蔡和小明是合法的夫妻关系，因此小明应继承的40万元属于他们夫妻共有财产。小明去世后就这40万元的财产来说，20万元属于小蔡的个人财产，剩下的20万元可以成为小明的遗产，由小明的法定继承人小蔡、小明的母亲来继承。因此，小明应继承其父亲40万元的遗产，可以分给小蔡30万元，小明的母亲可得10万元。

法律依据

《民法典》第一千一百五十二条 继承开始后，继承人于遗产分割前死亡，并没有放弃继承的，该继承人应当继承的遗产转给其继承人，但是遗嘱另有安排的除外。

93. 各继承人未尽管理职责造成遗产损失的，谁来承担责任?

- **案例**

刘某某与其妻子张某某共同经营水果批发生意，经济收入较好。刘某某父母要求儿子为其在城里买套一室一厅养老房，引起刘某某与张某某夫妻争吵。这也影响了刘某某心情和休息，结果刘某某进货途中因车祸身亡。去世时，他的仓库内还有 2 吨多高档水果待处理。因为对遗产范围确定、数额计算、分割等有分歧以及其他原因，刘某某的父母天天到张某某的店面大吵大闹，各不相让。无奈，张某某将水果店关门，仓库内的水果也全部坏掉，损失达 6 万余元。该笔损失谁来负责呢?

- **结论**

该损失由作为遗产管理人之一的刘某某父母来承担。

- **分析**

继承开始后，各继承人可以推选遗产管理人来保护、管理遗产，并清偿债务，组织分割遗产等事务，也可以由各继承人共同担任遗产管理人。此时各继承人不仅维护自己的继承权，还要站在管理人的角度保护、管理遗产，清偿债务，依法依遗嘱分割遗产等。本案中，刘某某死亡即继承开始，他的法定继承人刘某某的妻子、父母没有推选遗产管理人，则他们共同担任刘某某的遗产管理人，共同履行法定管理职责。但刘某某父母没有履行共同管理职责，却“到张某某的店面大吵大闹”，妨碍张某某正常经营，导致未能尽快处理具有“时鲜”特点的水果的及时销售，经济损失6万余元。根据《民法典》第一千一百四十八条规定，这6万元的损失应由刘某某的父母来承担赔偿责任。

具体地说，这6万元是刘某某和张某某的夫妻共同财产，包括两个部分，其中的3万元应当归刘某某妻子从其夫妻共同财产中分割出来的个人财产，现在应由刘某某的父母来赔偿；另3万元是刘某某的遗产，由刘某某的妻子和刘某某的父母共同继承，均分每人1万元，由于遗产管理人刘某某的父母故意闹事造成继承人张某某又损失1万元的可继承的遗产。最终，刘某某的父母应赔偿张某某4万元损失。

法律依据

《民法典》第一千一百四十五条 继承开始后，遗嘱执行人为遗产管理人；没有遗嘱执行人的，继承人应当及时推选遗产管理人；继承人未推选的，由继承人共同担任遗产管理人。

《民法典》第一千一百四十八条 遗产管理人应当依法履行职

责，因故意或者重大过失造成继承人、受遗赠人、债权人损害的，应当承担民事责任。

94. 既有遗嘱继承又有法定继承，还有外债时，遗产如何分割？

• **案例**

张某某有两儿一女，老伴早逝。张某某死后遗留 50000 元存款、临街门面房一套和其他生活用品，但还有买门面房的银行贷款 30000 元。两个儿子经协商，建议各继承人均分遗产、均摊 30000 元债务。女儿提出父亲生前留有书面遗嘱，内容是 50000 元存款归还在读书的小女儿所有，且签有其姓名、日期。现在既有遗嘱处分的遗产，又有遗嘱未处分的遗产，还有债务，该如何分割呢？

• **结论**

首先，由作为法定继承人的 3 个儿女用“门面房和生活用品”的价值偿还银行的 30000 元贷款和利息；其次，女儿依遗嘱继承 50000 元存款；最后，门面房和生活用品偿还银行的 30000 元贷款和利息后剩下的价值由包括女儿在内的 3 个儿女均分。

• **分析**

本案中，银行 30000 元贷款及利息的债务应由法定继承人的3个儿女以未被作为遗嘱处分的遗产优先偿还，由于门面房及生活用品价值会大于30000元的贷款及利息，所以就不需要再用已被作为遗嘱处分的50000元的存款和法定继承人各自继承的份额按比例去偿还贷款了。本案中，张某某生前自愿立下遗嘱，把自己的50000元的存款留给女儿，该遗嘱形式和内容均符合法律规定，应当按照遗嘱先继承，女儿应得到这50000元的遗产。但遗嘱仅处分了50000元的存款部分。除去按遗嘱优先继承的50000元存款，张某某的门面房、其他生活用品就是遗嘱未处分的遗产，再减去应当偿还30000元的贷款及利息部分，剩下的按法定继承处理，由两个儿子和女儿均分继承。可见，女儿按照遗嘱继承50000元存款后，仍然有权按法定继承其他遗产。

法律依据

《民法典》第一千一百六十三条 既有法定继承又有遗嘱继承、遗赠的，由法定继承人清偿被继承人依法应当缴纳的税款和债务；超过法定继承遗产实际价值部分，由遗嘱继承人和受遗赠人按比例以所得遗产清偿。

95. 代位继承时，需要为尚未出生的胎儿预留份额吗？

• **案例**

张师傅经营一家特色早点，经济收入较好。某年 4 月，张师傅的小儿子张小小因车间生产责任事故死亡，此时，其妻子已怀孕 6 个月。3 个月后，张师傅因早起突发心脏病去世。家人在讨论张师傅遗留的 20 万元的现金和一栋价值 26 万元的门面房的遗产分割时产生争议。张小小的哥哥和姐姐认为，弟弟已去世，弟媳妇腹中胎儿不具有对祖辈遗产的继承权，父亲的遗产由张小小的哥哥、姐姐和其母亲三人均分；而张小小的妻子则认为其怀孕胎儿应代位其已亡故的父亲分得一份遗产，应为胎儿保留其遗产份额。张小小的遗产为该胎儿应留有份额可以理解，但其爷爷的遗产需要为该胎儿预留份额吗？

• **结论**

应该就其爷爷的遗产为该胎儿留有代位继承的份额。

• **分析**

胎儿因为没有出生并不属于独立的民事主体，因此不具有继承遗产的法定资格和能力。但是在继承领域我国法律为保护将来可能活着出生的胎儿的财产利益和生活保障，做了特殊规定。本案中，在分割张小小的遗产时应该为该胎儿保留预留份以待其出生后视情况而定。这是胎儿"预留份"的常态。本案中，胎儿出生后活着的，他就是张小小的直系晚辈血亲，而胎儿的父亲张小小先于张小小的父亲张师傅死亡，此时活着出生的胎儿完全符合代位继承的主体资格。因此，在分割张师傅遗产时，应为该胎儿预留份额以待其出生后视情况而定，即该胎儿活着出生的，该份额由该胎儿代位继承；若该胎儿出生为死体的，该份额由张小小的哥哥、姐姐和母亲继承。

法律依据

《民法典》第一千一百二十八条 被继承人的子女先于被继承人死亡的，由被继承人的子女的直系晚辈血亲代位继承。

《民法典》第一千一百五十五条 遗产分割时，应当保留胎儿的继承份额。胎儿娩出时是死体的，保留的份额按照法定继承办理。

96. 儿媳携子改嫁，公婆能阻止其处分继承所得的遗产吗？

- **案例**

经人介绍路某某与盛某某相识相处并结婚。婚后感情甚好，盛某某外出打工，路某某在公婆协助下养土鸡 200 只，家庭经济尚可，2 年后在县城购商品房一套，也在这一年喜得贵子盛旺旺

（化名）。不料，某日工地发生事故，造成盛某某重伤，经医治无效死亡。经调解，公司赔偿盛家各种损失费 45 万元。盛某某死亡后，年轻的路某某为了孩子有个完整的家，便携带其儿子另嫁他人。公公和婆婆以儿媳另嫁他人，没有经其同意为由，要求儿媳净身出户，不准出卖房屋和其他财产，不准带孙子改嫁。公婆能阻止丧偶儿媳携子和携带家产改嫁吗？

• **结论**

公婆不能阻止丧偶儿媳携子改嫁，也不能阻止儿媳携带家产改嫁。

• **分析**

首先，父母是未成年子女的监护人，父母离异或者一方死亡，另一方仍然是未成年子女的监护人，承担抚育的义务，享有对未成年人的教育保护的权利。公婆不能阻止丧偶儿媳携子改嫁。其次，夫妻一方死亡后，另一方基于夫妻财产共有关系，独立获得自己从夫妻共有财产中独立出来的那部分财产，同时，另一方还基于配偶关系通过继承取得死亡的一方的遗产。这两部分财产都是另一方的个人合法财产，另一方基于所有权可以处分这些财产，如变卖、赠与，甚至销毁，等等。处分的时间是其获得该财产后的任何时候，包括改嫁之时。本案中，丧偶儿媳路某某在其配偶死亡后，有权另行选择配偶，其对亡夫遗产的继承权不因重新形成婚姻关系而消失，其继承权仍受法律保护，任何阻挠、侵占亡者遗产的行为均属侵权行为。所以，公婆不能阻止儿媳改嫁时对继承的遗产的处分。

法律依据

《民法典》第一千一百五十七条 夫妻一方死亡后另一方再婚的，有权处分所继承的财产，任何组织或者个人不得干涉。

97. 给老人养老送终的“外人”，能继承老人遗产吗？

• 案例

老人苗丽丽（化名）配偶早年去世，在国外读书并已定居国外的女儿多年不回。苗丽丽的兄弟姐妹也先于苗丽丽老人去世。高尚尚（化名）与老人苗丽丽是邻居，平时对老人苗丽丽很热心。苗丽丽为了晚年有人照顾，与高尚尚订立遗赠扶养协议。经协商并约定：高尚尚扶养照顾苗丽丽生老病死；待苗丽丽百年之后高尚尚取得苗丽丽这套紧邻高尚尚家的102平方米的房屋及室内家具。高尚尚依约定尽心尽力地照顾了苗丽丽老人的生活起居、看病护理。4年后，苗丽丽老人因病去世。后来老人女儿认为自己是老人的唯一法定继承人有权继承遗产，可以给与高尚尚照顾老人足额的经济补偿。高尚尚能根据她们签订的遗赠扶养协议继承苗丽丽老人的遗产吗？

- **结论**

高尚尚可以依据其与苗丽丽签订的遗赠扶养协议，获得遗赠扶养协议上指定的房产及室内家具的继承权。

- **分析**

自然人可以与继承人以外的组织或者个人签订协议，该组织或者个人承担该自然人生养死葬的义务，享有受遗赠的权利。遗赠扶养协议不仅体现了立遗嘱人对自己遗产处分的个人意志，而且体现了遗嘱人与扶养义务人之间的关于生前扶养照顾和送葬的义务与基于履行该义务而获得受赠遗产的权利的统一。遗赠扶养协议应当具有优先于体现国家意志的法定继承。本案中，高尚尚虽是法定继承人之外的人，但她与苗丽丽之间签订了合法有效的遗赠扶养协议，更实质的是，高尚尚依约照顾了苗丽丽生活起居、看病护理4年多，并直至为老人百年送葬。所以，高尚尚有权获得遗赠扶养协议上指定的遗产的继承权。该协议上未处分的遗产则可以由老人的女儿继承。

法律依据

《民法典》第一千一百五十八条　自然人可以与继承人以外的组织或者个人签订遗赠扶养协议。按照协议，该组织或者个人承担该自然人生养死葬的义务，享有受遗赠的权利。

后　　记

为配合《民法典》宣传教育工作，我们编写了《民法典走近你我他》丛书。本书采用以案说法的形式展现《民法典》的主要内容，在案例选择方面，主要遵循以下原则：第一，突出新规范，即突出《民法典》的新增内容；第二，关注新问题，对新的社会关系如何适用法律进行以案说法，体现法治的时代需求；第三，贴近民生需求，即以公众生活中常见的法律问题为说法对象，实现法治的实践需求。

安徽人民出版社同志为本书的策划出版付出了艰辛的努力，并精心组织了选题论证会；安徽省委宣传部、省委政法委、省人大、省人民检察院、省公安厅、省司法厅相关处室领导和安徽大学专家出席本书的论证会并提出了许多宝贵意见；安徽省法学会、省律师协会为本书的策划出版倾心尽力，在此一并表示由衷感谢。

安徽省律师协会组织了20余名有着丰富法治实务经验的律师为本书录制了视频说案内容，创新了法治宣传的新路径。

本书文字部分由合肥工业大学、安徽省社科院组稿，撰稿人（按姓氏笔画排序）：马志、于明海、王博元、叶定康、成东升、江海、刘新如、吴晓曼、张逸飞、何琪、周伟、陈策、胡友东、高笑笑、黄青锋、曹树青、盛钧俣、曾成敏、解丽、廖振妤。吴椒军、曹树青负责统稿。